资助说明：感谢国家级一流本科专业建设点——南宁师范大学物流管理专业、广西普通本科高校示范性现代产业学院——南宁师范大学智慧物流产业学院建设项目、广西人机交互与智能决策重点实验室和广西高等学校千名中青年骨干教师培育计划资助项目（2021QGRW043）对本教材的资助。

物流系统规划与设计

主　编　李　梅
副主编　汪德荣　贺世红　刘新全

湘潭大学出版社
XIANGTAN UNIVERSITY PRESS

图书在版编目（CIP）数据

物流系统规划与设计 / 李梅主编. -- 湘潭 : 湘潭大学出版社, 2022.7
ISBN 978-7-5687-0931-6

Ⅰ. ①物… Ⅱ. ①李… Ⅲ. ①物流－系统工程 Ⅳ. ①F252

中国版本图书馆 CIP 数据核字（2022）第 223860 号

物流系统规划与设计

WULIU XITONG GUIHUA YU SHEJI

李梅 主编

责任编辑：丁立松
封面设计：童越图文
出版发行：湘潭大学出版社
社　　址：湖南省湘潭大学工程训练大楼
电　　话：0731-58298960 0731-58298966（传真）
邮　　编：411105
网　　址：http://press.xtu.edu.cn/
印　　刷：长沙创峰印务有限公司
经　　销：湖南省新华书店
开　　本：787 mm×1092 mm 1/16
印　　张：12.75
字　　数：256 千字
版　　次：2022 年 7 月第 1 版
印　　次：2022 年 7 月第 1 次印刷
书　　号：ISBN 978-7-5687-0931-6
定　　价：58.00 元

前言

随着经济全球化进程的日益加速和科学技术的迅速发展，企业间在优化企业自身系统、产品质量及扩大销售等方面已经发展得比较成熟。在这样的情况下，很多企业都把眼光转向了服务行业，将它作为新一轮竞争的核心。于是，现代物流服务便成为一个备受关注的领域。

物流系统覆盖了人民生活与消费、工农业生产等社会经济的各个领域，在运作过程中，包含了交通运输、仓储配送、库存管理等诸多环节，涉及公路运输、铁路运输、水路运输、航空运输等多种交通运输方法。组成物流系统的要素种类繁多、数量庞大、结构复杂，每个节点之间呈现网状结构互相关联、互相作用。然而，在我国物流系统的规划设计实践中，由于不够重视物流系统的整体性、集成性以及全局性的要求，导致物流系统很难实现最优的整体效益，从而降低了社会资源的配置效率，使得全社会物流总费用与国内生产总值比例居高不下，影响着我国物流正常的可持续发展。让物流业出现板块分割现象、物流标准难以统一、社会资源难以合理利用、基础设施布局不合理、运输过程及网络不健全等问题。

因此，只有科学、合理、系统地进行物流系统规划与设计，才能够促进我国物流业又快又好地发展。本书正是鉴于上述实际需求的迫切性进行编写的。

本书主要从系统分析与设计的角度，从战略分析与需求分析入手进行讲述，书中分八章。第一章是关于物流系统的绪论，其中包括物流系统的主要内容及物流系统规划与设计的概述；第二章是对物流系统战略规划的讲述，阐述了物流系统战略规划的内容和步骤；第三章是客户服务系统的规划与设计，描述了客户服务系统的概念及其建立；第四章是库存系统的规划与设计，内容包括了库存概念，需求预测，如何订货以及库存分配与管理控制；第五章是物流网络规划与设计，其中包含了物流网络的含义及构成，物流网络规划设计原则及影响因素；第六章是运输系统规划与设计，内容涵盖物流运输方式及物流运输路线的优化等；第七章是物流节点规划与设计，其中包括物流节点选址技术与方法、物料搬运系统设计方法等；第八章是物流设施规划与布置设计，讲述了物流设施规划的整个过程及相关技术。

我们将切实做好为物流教学服务的工作，加强与行业的联系，使系列教材能及时地反映国家物流政策的变化、学术界最新的理论成果、行业应用的新设备及流程，以达到提高专业人才培养质量的目的。

本书特点在于密切联系物流系统、交通运输等方面的内容，理论联系实际地阐述物流系统规划与设计的性质、方法和内容。本书定义严格，逻辑清晰，表述通俗易懂。可作为高等院校的教材，适合物流专业的本科生（高年级）和研究生使用。我们诚挚地希望使用本教材的师生在教学实践中对教材提出批评和建议，以便我们不断修订、改善、精益求精！

感谢南宁师范大学物流管理与工程学院的研究生陈嘉鑫、许程和吴明雪为本教材做出的大量整理和校对工作。感谢“国家级一流本科专业建设点-南宁师范大学物流管理专业”项目和“广西普通本科高校示范性现代产业学院-南宁师范大学智慧物流产业学院建设”项目对本教材的资助！

作者

2022 年 4 月

目 录

第一章

绪　论

随着时代的发展与进步，物流行业也随之开始壮大，物流服务水平和物流成本已经成为影响经济发展与投资的重要因素。为了实现社会经济的可持续发展，人们需要用系统的观点和方法对物流系统进行规划与调整，从而实现物流的最大效率和合理化。

第一节　物流系统概述

一、物流系统概述

（一）系统的概念和分类

1. 系统的定义

系统主要指由一组功能相互关联的要素、变量、组成部分或目标组成的统一的整体。系统的思想来源于人类长期的社会实践。人类很早就有了系统思想的萌芽，主要表现在对整体、组织、结构、等级、层次等概念的认识。可以说，人类自有生产以来，时时都在同自然系统打交道，也时常依据生存需要建立一些人为的系统，以增强人与自然相适应的程度。人们不仅用自发的系统观点考察自然现象，并且还基于这些概念去改造自然。人们从统一的物质本原出发，把自然界当作一个统一体，也就是说，人类在社会实践中已经自觉和不自觉地在使用系统的思想改造自然、促进社会发展了。[1]

“系统”一词来自拉丁语“Systema”，有“群”和“集合”的含义。20 世纪 40 年代以来，在国际上，“系统”作为一个研究对象引起了广泛的注意。近年来，虽然国内外学者对系统科学展开了深入而广泛的研究，但由于研究的历史不长，以及现实系统的复杂性和不确定性，目前国内外学者对系统的定义还没有统一的说法，下面仅列举其中几个具有代表性的定义。

（1）在《韦氏大词典》中，“系统”一词被解释为：有组织的和被组织化了的整体；结合着整体所形成的各种概念和原理的综合；由有规则、相互作用、相互依赖的诸要素形成的集合等。

（2）奥地利生物学家、一般系统论的创始人贝塔朗菲把系统定义为：相互作用的诸要素的综合体。

（3）日本工业标准《运筹学术语》中对系统的定义是：许多组成要素保持有机的秩序向同一目标行动的体系。

（4）我国著名科学家、系统工程的倡导者钱学森[2]认为：系统是由相互作用和相互依赖的若干组成部分结合而成的具有特定功能的有机整体，而且这个系统本身又是它所从属的一个更大的系统的组成部分。

2. 系统的特征

由于各种系统的结构不同，所以其功能也是不大相同的，但可以根据各种不同系统本质的、共同的功能特征，概括出系统的以下几个特点。

（1）整体性。

系统的整体性主要是指系统各要素之间不是简单地叠加在一起，各要素之间根据一定的逻辑关系相互协调，各要素都必须服从系统的整体性。

（2）相关性。

整体性确定系统的组成要素，相关性则表明各要素不是孤立工作，它们之间相互联系、相互作用、相互影响。要做到这一点，系统必须有一定的有序结构。

（3）目的性。

系统具有各个要素集合在一起的共同目的，而人造系统通常具有多重目的。例如，企业的经营管理系统，在有限的资源和现有职能机构的配合下，其目的就是完成或超额完成

---

① 朱耀勤，王斌国，姜文琼．物流系统规划与设计［M］．北京：北京理工大学出版社，2017.

② 钱学森：汉族，出生于上海，祖籍浙江省杭州市，空气动力学家、系统科学家，工程控制论创始人之一，中国科学院学部委员、中国工程院院士，两弹一星功勋奖章获得者。

生产经营计划，实现规定的质量、品种、成本、利润等指标。

（4）环境适应性。

环境是指系统以外的事物（物质、能量、信息）的总称，系统所处的环境就是约束条件，所以系统时时刻刻存在于环境之中，与环境相互依存。对于物流系统而言，根据系统的目的，有时增加一些元素，有时删除一些元素，也存在系统的分裂和合并，所以研究物流系统要用发展的观点。

3. 系统的分类

系统是以不同的形态存在的。根据生产和反映属性的不同，对系统可以进行各种各样的分类。

（1）自然系统和人造系统。

自然系统是指系统内的个体按自然法则存在或演变，产生或形成一种群体的自然现象与特征，如海洋系统、矿物系统、生态系统、大气系统等。人造系统是指系统内的个体根据人为的、预先编排好的规则或计划好的方向运作，以实现或完成系统内各个体不能单独实现的功能、性能与结果，如工程技术系统、经营管理系统、计算机系统、教育系统等。实际上，很多系统是自然系统与人造系统相结合的复杂系统，因为许多系统是由人运用科学力量，认识并改造自然系统的结果，如交通管理系统（ATMS）。随着科学技术的发展，出现了越来越多的人造系统。

（2）开环系统和闭环系统。

开环系统是指系统内部与外部环境有能量、物质和信息交换的系统。它从环境输出，而且系统状态直接受到环境变化的影响。大部分人造系统属于这一类，如社会系统。闭环系统是指与外界环境不发生任何形式交换的系统。它不向环境输出，也不从环境输入，专门为研究系统目的而设定，如封存的设备。

（3）静态系统和动态系统。

静态系统是其固有状态参数不随时间变化的系统。现实生活中的实体网络系统、建筑结构系统、城市规划布局系统都是静态系统。它属于实体系统。动态系统是系统的状态变量随时间而改变的系统，一般都有人的行为因素在内，如服务系统、生产开发系统等。

（4）实体系统和抽象概念系统。

实体系统是指以物理状态的存在作为组成要素的系统，这些实体占有一定空间，如自然界的矿物、生物，生产部门的机械设备、原始材料等。与实体系统相对应的是抽象概念系统，它是由概念、原理、假说、方法、计划、制度、程序等非物质实体构成的系统，如管理系统、法制系统、教育系统、文化系统等。近年来，人们逐渐将抽象概念系统称为软科学系统，它日益受到重视。以上两类系统在实际中常结合在一起，以实现一定的功能。实体系统是抽象概念系统的基础，而抽象概念系统又往往对实体系统提供指导和服务。例如，为了实现某项工程实体，需提供计划、设计方案和目标分解，对复杂系统还要用数学模型或其他模型进行仿真，以便抽象出系统的主要因素，并进行多个方案分析，最终付诸实施。在这一过程中，计划、设计、仿真和方案分析等都属于抽象概念系统。

（5）黑色系统、白色系统和灰色系统。

黑色系统是指只明确系统与环境的关系，但对于系统内部的结构、层次、组成元素和实现机理却一无所知。白色系统是指一切都很明朗化，既明确系统与环境之间相互作用的关系，又明确系统内部结构、元素和系统特征。黑色系统和白色系统是相对的。例如，对于一个计算机管理系统，从用户的角度分析，其属于黑色系统。用户只需要知道如何应用，不需要知道系统的设计和运行。但对于开发人员，他们对系统的运行和内部结构非常了解，所以，对于开发人员其就是一个白色系统。灰色系统是指知道或明确部分系统与环境的关系、系统结构和实现过程。在现实生活中，灰色系统是存在形式最多的一种系统，它也是人类面临和研究的主要对象。

（二）物流系统概述

随着计算机科学和自动化技术的发展，物流系统也从简单的方式迅速向自动化演变，由手工物流系统、机械化物流系统，逐步发展为自动化物流系统、集成化物流系统和智能化物流系统，并出现了物流计算机管理与控制系统。其主要标志是自动物流设备，如自动导引车（Automated Guided Vehicle，AGV），自动存储、提取系统（Automated Storage/Retrieve System，AS/RS），空中单轨自动车（SKY-Rail Automated Vehicle，SKY-RAV），堆垛机（Stacker Crane）等。物流系统的主要目标在于追求时间和空间效益。物流系统作为社会经济系统的一部分，其目标是获得宏观和微观经济效益。宏观经济效益是指一个物流系统作为一个子系统，对整个社会流通及国民经济效益的影响。微观经济效益是指该系统本身在运行活动时所获得的企业效益，是活动本身所耗与所得之比。

1. 物流系统的定义

物流系统是一个系统，因为它具有一般系统的特征。物流系统是指在一定的时间和空间里，由所需位移的物资、包装设备、装卸搬运机械、运输工具、仓储设施、人员和通信联系等若干相互制约的动态要素所构成的具有特定功能的有机整体。物流系统由产品的包装、仓储、运输、检验、装卸、流通加工及前后的整理、再包装、配送所组成的运作系统与物流信息等子系统组成。运输和仓储是物流系统的主要组成部分，物流信息系统是物流系统的基础，物流通过产品的仓储和运输，尽量消除时间和空间上的差异，满足商业活动和企业经营的要求。

2. 物流系统的特征

物流系统除了具有一般系统共有的特征外，还具有以下特点。物流系统本来是客观存在的，但一直未为人们所认识，从而未能能动地利用系统的优势。物流系统是一个大跨度系统，这反映在两个方面，一是地域跨度大，二是时间跨度大。物流系统的稳定性较弱而动态性较强。物流系统属于中间层次系统范围，本身具有可分性，可以分解成若干个子系统。物流系统的复杂性使系统结构要素间有非常强的“悖反”现象，人们常称之为“交替损益”或“效益悖反”现象，处理时稍有不慎就会出现系统总体恶化的结果。

（1）“人机系统”。

物流系统是由人和形成劳动手段的设备、工具所组成的。它表现为物流劳动者运用运输设备、装卸搬运机械、仓库、港口、车站等设施，作用于物资的一系列生产活动。在这一系列物流活动中，人是系统的主体。因此，在研究物流系统各个方面的问题时，应把人和物有机地结合起来，作为不可分割的整体，加以考察和分析，而且始终把如何发挥人的主观能动作用放在首位。

（2）大跨度系统。

这反映在两个方面，一是地域跨度大，二是时间跨度大。在现代经济社会中，企业间物流经常会跨越不同地域，国际物流的地域跨度更大。通常采取储存的方式解决产需之间的时间矛盾，这样时间跨度往往也很大，大跨度系统带来的主要问题是管理难度较大，对信息的依赖程度较高。

（3）可分系统。

作为物流系统，无论其规模多么庞大，都可以分解成若干个相互联系的子系统。这些子系统的数量和层次的阶数，是随着人们对物流的认识和研究的深入而不断扩充的。系统与子系统之间，子系统与子系统之间，存在着时间和空间上及资源利用方面的联系，也存在总的目标、总的费用以及总的运行结果等方面的联系。

物流系统根据运行环节，可以划分为以下几个子系统：物资的包装系统、物资的装卸系统、物资的运输系统、物资的储存系统、物资的流通加工系统、物资的回收复用系统、物资的情报系统、物流的管理系统等。

上述子系统构成了物流系统。物流各子系统又可分成下一层次的系统，如运输系统可分为水运系统、空运系统、铁路运输系统、公路运输系统及管道运输系统。物流子系统的组成并非一成不变，它是根据物流管理目标和管理分工自成体系的。因此，物流子系统不仅具有多层次性，而且具有多目标性。

物流系统虽然本身是一个复杂的社会系统，但同时处在国民经济这个比它更大、更复杂的大系统之中，是国民经济系统中的一个子系统，而且是一个非常庞大、非常复杂的子系统，它对整个国民经济系统的运行起着特别重要的作用。对物流系统的分析，既要从宏观方面去研究物流系统运行的全过程，也要从微观方面对物流系统的某一环节（或称为子系统）加以分析。

（4）动态系统。

一般的物流系统总是联结多个生产企业和用户，随着需求、供应、渠道、价格的变化，系统内的要素及系统的运行也经常发生变化。这就是说，社会物资的生产状况、社会物资的需求变化、资源变化、企业间的合作关系，都随时随地地影响着物流，物流受到社会生产和社会需求的广泛制约。物流系统是一个可以满足社会需要、适应环境能力的动态系统，人们必须经常对物流系统的各组成部分不断地修改、完善，才能使物流系统具有足够的灵活性与可改变性。在有较大的社会变化的情况下，对物流系统要重新进行系统的设计。

（5）复杂系统。

物流系统运行对象——“物”，涉及全部社会物质资源，资源的大量化和多样化带来了物流的复杂化。从物资资源上看，物流品种成千上万，数量极大；从从事物流活动的人员上看，物流需要数以百万计的庞大队伍；从资金占用上看，物流占用了大量的流动资金；从物资供应点上看，物资供应点遍及全国城乡各地。这些人力、物力、财力资源的组织和合理利用，是一个非常复杂的问题。

在物流活动的全过程中，始终贯穿着大量的物流信息。物流系统要通过这些信息把这些子系统有机地联系起来。如何把信息收集全、处理好，并使之指导物流活动，也是非常复杂的事情。

物流系统的边界是广阔的，其范围横跨生产、流通、消费三大领域。这一庞大的范围，给物流组织系统带来了很大的困难，而且随着科学技术的进步、生产的发展、物流技术的提高，物流系统的边界范围还将不断地向内深化，向外扩张。

（6）多目标函数系统。

物流系统的多目标特点常常表现为“目标背反”。因此系统要素间有着非常强的“背反”现象，人们常称之为“交替背反”或“效益背反”，在处理时稍有不慎就会出现总体恶化的结果。通常，对物流数量，希望最大；对物流时间，希望最短；对服务质量，希望最好；对物流成本，希望最低。显然，要满足上述所有要求是很难的。例如，在储存子系统中，站在保证供应、方便生产的角度，人们会提出储存物资的大数量、多品种问题，而站在加速资金周转、减少资金占用的角度，人们则提出减少库存问题。又如，对于最快的运输方式——航空运输，其运输成本高，时间效用虽好，但经济效益不一定最佳；而选择水路运输时，情况则相反。所有这些相互矛盾的问题，在物流系统中广泛存在。而物流系统又恰恰要求在这些矛盾中运行，要使物流系统在各方面满足人们的要求，显然要建立物流多目标函数，并在多目标中求得物流的最佳效果。

3. 物流系统的分类

可以根据不同的标准对物流系统进行分类。

（1）物流发生的位置。

按物流发生的位置，物流系统可分为企业内部物流系统和企业外部物流系统。

① 企业内部物流系统。例如，制造企业所需原材料，能源，配套设施，加工形成的半成品、成品、产品流动的全过程属于企业内部物流系统。

② 企业外部物流系统。例如，对于制造企业，物料、原料从供应商所在地到本制造企业仓库为止的物流过程，从成品库到各级经销商，最后到最终用户的物流过程，都属于企业外部物流系统。

（2）物流运行的性质。

根据物流运行的性质，物流系统可以划分为生产物流系统、供应物流系统、销售物流系统、回收物流系统和废弃物流系统。

① 生产物流系统。生产物流是从工厂的原材料的采购、运输、储存、装卸，工厂成品库的成品发送，一直到销售过程的物流。生产物流和工厂企业的生产流程同步，企业在生产过程中，原材料、半成品等按照工艺流程在各个加工点之间不停顿地移动、流转，形成了生产物流，如果生产物流中断，生产过程也将随之停顿。例如，第三方物流所提供的流通加工就是生产物流系统流程。

② 供应物流系统。它包括原材料等一切生产资料的采购、进货、运输、仓储、库存管理和用料管理系统。供应物流系统通过采购行为使物资从供应单位转移到用户单位，一般用来进行生产企业进行生产所需要的物资供应活动。

③ 销售物流系统。销售物流是生产工厂或商业批发、物流企业和零售商店，从商品采购、运输、储存、装卸搬运、加工、配送、销售，到用户收到商品的流程。

④ 回收物流系统。回收物流是伴随货物运输或搬运中的包装容器、装卸工具及其他可用的旧杂物，通过回收、分类、再加工到使用过程的物流。商品在生产及流通活动中会产生许多要回收并加以利用的物资，例如：作为包装容器的纸箱和塑料筐等；建筑行业的

脚手架；对旧报纸和书籍进行回收、分类再制成生产的原材料纸浆；利用金属废弃物的再生性，在回收后将之重新熔炼成有用的原材料等。

⑤ 废弃物流系统。商品的生产和流通系统会产生无用的废弃物，如开采矿山时产生的土石、炼钢生产中的钢渣、工业废水以及其他各种无机垃圾等。这些废弃物已没有再利用的价值，但如果不妥善加以处理而就地堆放，会妨碍生产甚至造成环境污染。对这类废弃物的处理过程产生了废弃物流。

（3）物流的活动范围。

根据物流活动范围的不同，可以将物流系统分为企业物流系统、区域物流系统和国际物流系统。

① 企业物流系统。它指围绕某一企业产生的物流活动。它包括企业或企业集团的内部物流活动，也涉及相关的外部物流活动，如原材料供应市场和产品销售市场。对企业物流系统从供应物流、生产物流和销售物流三者间考虑，进行一体化规划、运作和经营。

② 区域物流系统。它指以某一经济区或特定地域为主要活动范围的社会物流活动。区域物流表现为多个企业之间合作、协作，共同组织大范围专项或综合物流活动的过程。对区域物流的研究应根据所在地区的特点，从本地区的利益出发，组织好相应的物流活动，并充分考虑到利弊两方面的问题，要与地区和城市的建设规划相统一并妥善安排。例如，某地区计划建设一个大型物流中心，这将提高当地的物流效率、降低物流成本，但也应考虑到这会引起供应点集中从而带来一系列交通问题。

③ 国际物流系统。它指在国家（或地区）与国家之间的国际贸易活动中发生的商品从一个国家或地区流转到另一个国家或地区的物流活动。当前，世界已成为地球村，国家与国家之间的经济交流越来越频繁，各国的经济发展已经融入了全球的经济潮流之中；另外，企业的发展也走向社会化和国际化，出现了许多跨国公司，这时一个企业的经济活动就可以遍布世界各大洲。因此，国际物流系统已成为物流研究的一个重要分支并日益重要。[①]

二、物流系统的模式与要素

（一）物流系统的模式

系统是相对外部环境而言的。外部环境向系统提供资源、能量、信息，即“输入”；系统以自身所具有的特定功能，对“输入”进行必要的转化处理活动，使之成为有用的产

① 朱耀勤，王斌国，姜文琼．物流系统规划与设计［M］．北京：北京理工大学出版社，2017.

品或服务，供外部环境使用，即“输出”。输入、处理和输出是系统的三要素。外部环境因资源有限、需求波动、技术进步以及其他各种变化因素的影响，对系统加以约束或影响，这成为外部环境对系统的限制或干扰。此外，输出可能偏离预期目标，因此要将输出结果返回给输入，以便调整和修正系统的活动，即“反馈”。系统的一般模式，如图 1-1 所示。

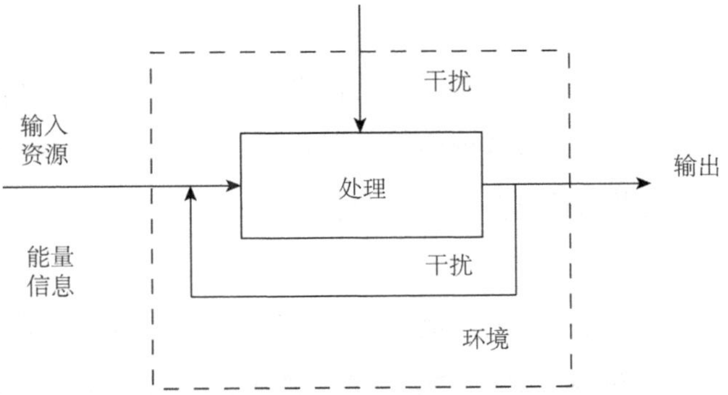

图 1-1 系统的一般模式

一般的，物流系统具有输入、处理（转化）、输出、限制（制约）和反馈等功能。物流系统的正常活动需要投入大量的人力、物力、财力、信息，然后，通过物流业务活动、物流设施设备、物流信息处理、物流管理工作的应用等，为客户提供一定的服务，同时，这一服务也对环境产生了一定的影响，这些信息将反馈给系统，以便能够调整和修正物流系统的活动，其具体内容因物流系统的性质不同而有所区别。物流系统模式，如图 1-2 所示。

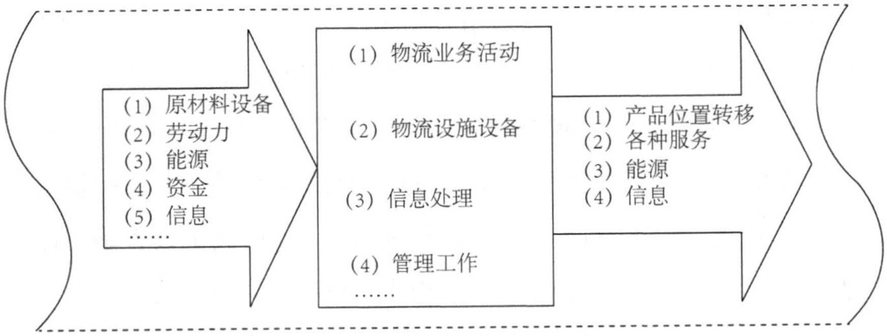

图 1-2 物流系统模式

1. 输入

输入包括原材料、设备、劳力、能源等。通过提供资源、能源、设备、劳力等手段对某一系统发生作用，统称为外部环境对物流系统的输入。

2. 处理

处理（转化）是指物流本身的转化过程。从输入到输出之间所进行的生产、供应、销售、服务等活动中的物流业务活动称为物流系统的处理或转化。其具体内容有：物流设施设备的建设；物流业务活动，如运输、储存、包装、装卸、搬运等；信息处理及管理工作。

3. 输出

物流系统的输出指物流系统以其本身所具有的各种手段和功能，对环境的输入进行各种处理后所提供的物流服务。其具体内容有：产品位置与场所的转移；各种劳务，如合同的履行及其他服务等；能源与信息。

4. 限制或制约

外部环境对物流系统施加一定的约束称为外部环境对物流系统的限制和干扰。其具体内容有：资源条件、能源限制、资金与生产能力的限制，价格影响、需求变化，仓库容量，装卸与运输能力，政策变化等。

5. 反馈

物流系统在把输入转化为输出的过程中，由于受系统各种因素的限制，不能按原计划实现，需要把输出结果返回给输入，进行调整，即使按原计划实现，也要把信息返回，以对工作作出评价，这称为信息反馈。信息反馈的内容包括：各种物流活动分析报告、各种统计报告数据、典型调查、国内外市场信息及有关动态等。

如今，物流系统是典型的现代机械与信息相结合的系统。现代物流系统由半自动化、自动化以至具有一定智能的物流设备和计算机物流管理和控制系统组成。任何一种物流设备都必须接受物流系统计算机的管理控制，接受计算机发出的指令，完成其规定的动作，反馈动作执行的情况或当前所处的状况。智能程度较高的物流设备具有一定的自主性，能更好地识别路径和环境，本身带有一定的数据处理功能。现代物流设备是在计算机科学和电子技术的基础上，结合传统的机械学科发展出来的机电一体化的设备。

从物流系统的管理和控制来看，计算机网络和数据库技术的采用是整个系统得以正常运行的前提。仿真技术的应用使物流系统设计处于更高的水平。物流已经成为并行工程的基础和计算机集成制造系统的组成部分。

（二）物流系统的要素

物流系统是由人、财、物、设备、信息和任务目标等要素组成的有机整体。根据不同的目的可以将要素分为不同的类型。

1. 物流系统的一般要素

物流系统的一般要素主要是指人、财、物方面。

人是物流的主要因素，是物流系统的主体。人是保证物流得以顺利进行和提高管理水平的最关键的因素。提高人的素质是建立一个合理化的物流系统并使之有效运转的根本。为此需要合理确定物流从业人员的选拔和录用流程，加强物流专业人才的培养。财是指物流活动中不可缺少的资金。物流运作的过程，实际也是资金运动过程，同时物流服务本身也需要以货币为媒介。物流系统建设是资本投入的大领域，离开了资金这一要素，物流不可能实现。

物是物流中的原材料、成品、半成品、能源、动力等物质条件，包括物流系统的劳动对象。没有物，物流系统便成为无本之木。

2. 物流系统的物质基础要素

物流系统的物质基础要素主要是指物流系统建立和运行所需要的技术装备手段，这些手段的有机联系对物流系统的运行有决定性的意义。物质基础要素主要包括如下内容：

（1）物流设施是组织物流系统运行的基础物流条件，包括物流场站、货场、物流中心、仓库、公路、铁路、港口等。

（2）物流装备主要包括货架、搬运及输送设备、加工设备、运输设备、装卸机械等。

（3）物流工具包括包装工具、维护保养工具、办公设备等。

（4）信息技术及网络是掌握和传递物流信息的手段，根据所需信息水平的不同，其包括通信设备及线路、传真设备、计算机及网络设备等。

（5）组织及管理是物流网络的“软件”，起着连接、调运、运筹、协调、指挥各要素的作用，以保障物流系统目标的实现。

3. 物流系统的功能要素

物流系统的功能要素指的是物流系统所具有的基本能力，这些基本能力有效地组合、联结在一起，便成了物流系统的总功能，便能合理、有效地实现物流系统的总目的。物流系统的功能要素包括以下七项内容：

（1）包装功能要素。

其包括产品的出厂包装，生产过程中在制品、半成品的包装以及物流过程中的换装、分装、再包装等活动。包装活动的管理，根据物流方式和销售要求来确定。是以商业包装为主，还是以工业包装为主，要全面考虑包装对产品的保护作用、促进销售作用、提高装运率的作用、包拆装的便利性以及废包装的回收及处理等因素。包装管理还要根据全物流过程的经济效果，具体决定包装的材料、强度、尺寸及方式。

（2）装卸功能要素。

其主要包括对输送、保管、包装、流通加工等物流作业进行衔接的活动，以及在保管、流通活动中进行检验、维护和保养。伴随装卸活动的小搬运，一般也包括在这一活动中。在全物流活动中，装卸活动是频繁发生的，因而是产品损坏的重要原因。对装卸活动的管理，主要是确定最恰当的装卸方式，力求减少装卸次数，合理配置及使用装卸机具，以做到节能、省力、减少损失、加快速度，获得较好的经济效果。

（3）运输功能要素。

运输是物流的核心业务之一，也是物流系统的一个重要功能。它包括供应及销售物流中的车、船、飞机等方式的运输，生产物流中的管道、传送带等方式的运输。对运输活动的管理，要求选择技术及经济效果最好的运输方式及联运方式，合理确定运输路线，以实现准时、迅速、低成本的要求。

（4）保管功能要素。

其包括堆存、保管、保养、维护等活动。对保管活动的管理，要求正确确定库存数量，明确仓库是以流通为主，还是以储备为主，合理确定保管制度和流程；对库存物品采取有区别的管理方式，力求提高保管效率，降低损耗，加速物资和资金的周转。

（5）流通加工功能要素。

其又称为流通过程的辅助加工活动，这种加工活动不仅存在于社会流通过程中，也存在于企业内部的流通过程中。流通加工是物品从生产者向消费者流动的过程中，为了促进销售、满足用户需要、维护产品质量和实现物流效率化，对物品在物流过程中进行的辅助性加工。企业物资部门、商业部门为了弥补生产过程中加工程度的不足，更有效地满足用户或本企业的需求，更好地衔接产需，往往需要进行这种加工活动。

（6）配送功能要素。

其是物流进入最终阶段，以配货、送货形式最终完成社会物流并最终实现资源配置的活动。配送活动一直被看作运输活动中的一个重要组成部分，被看成是一种运输形式。所以，过去人们未将其看成独立的功能要素，而是将其作为运输中的末端运输对待。但是，配送作为一种现代流通方式，集经营、服务，社会集中库存、分拣、装卸搬运于一身，已不再是单单一种送货运输所能包含的，所以，在本书中将其作为独立功能要素。

（7）物流信息功能要素。

其包括进行与上述各项活动有关的计划、预测、动态（运量、收、发、存数）的信息及有关的费用情报、生产情报、市场情报活动。物流信息对整个物流系统起着融会贯通的作用，只有通过信息的指导，才能保证物流系统各项活动灵活运转。信息流反映了一个物流系统的动态运转过程，不准确的信息和作业过程的延迟都会对物流活动的效率产生不利影响。因此，物流信息的质量和及时性是物流作业效率高/低的关键因素。而物流系统的有机统一，正是信息把物流过程环节的活动联系起来的结果。

上述功能要素中，运输及保管功能要素分别解决了供给者及需要者之间场所和时间的分离，分别是物流创造“场所效用”及“时间效用”的主要功能要素，因而在物流系统中处于主要功能要素的地位。

4. 物流系统的支撑要素

物流系统的建立需要许多支撑手段，以确定物流系统的地位、协调物流系统与其他系统的关系。这些要素必不可少，主要包括：

（1）法律制度。

它决定物流系统的结构、组织、领导、管理方式，是国家对物流系统控制、指挥、管理的方式，是物流系统的重要保障。

（2）行政命令。

它是决定物流系统正常运转的重要支持要素。物流系统和一般系统的不同之处在于，物流系统关系到国家的军事、经济命脉，所以，行政命令手段也常常是支持物流系统正常运转的重要支持要素。

（3）标准化。

它是保证物流环节协调运行，保证物流系统与其他系统在技术上实现联结的重要支撑条件。

（4）商业习惯。

它是整个物流系统为了使客户满意所提供服务的基本要求。了解商业习惯，将使物流系统始终以客户为主进行运营，从而达到企业营利的目的。

（三）物流系统各要素之间存在冲突

1. 要素目标冲突

（1）要素之间的目标冲突。

运输、储存、包装、装卸、流通加工、物流信息，这些要素独立存在时的目标存在冲突，如表 1-1 所示。

表 1-1　物流系统要素目标之间的典型冲突

要素	主要目标	采取的方法	可能导致的结果	对其他要素可能造成的影响
运输	运费最小	批量运输、集装整车运输、铁路干线运输	交货期集中、交货批量大、待运期长、运费低	在途库存增加、平均库存增加、末端加工费用高、包装费用增加
储存	储存量最小	缩短进货周期、降低每次进货量、增加进货次数、在接近消费者的地方建仓库、增加信息沟通	紧急进货增加、送货更加零散、储存地点分散、库存量降低甚至达到零库存、库存费用降低	无计划配送增加，配送规模更小，配送地点更分散，配送、装卸搬运、流通加工、物流信息成本提高
包装	破损最少、包装成本最低	提高物流包装材料强度、扩大内装容量、按照特定商品需要确定包装的材料和方式、增加物流包装容器的功能	包装容器占用过多空间和重量、包装材料费增加、包装容器的回收费用增加、包装容器不通用、商品破损减少但包装费增加	包装容器耗用的运费和仓储费用增加、运输车辆和仓库的利用率下降、装卸搬运费用增加
装卸	降低装卸费、降低搬运费、加快装卸速度	使用人力节约装卸搬运成本；招聘农民工进行装卸搬运；提高装卸搬运速度，“抢装抢卸”	装卸搬运效率低、商品破损率高、不按要求堆放、节省装卸搬运费用	待运期延长、运输工具和仓库的利用率降低、商品在途和在库损耗增加、包装费用增加、重新加工增加流通加工成本
流通加工	满足销售要求、降低流通加工费用	因为流通加工作业越来越多，为节约加工成本，采用简陋设备	在途储存和在库储存增加、装卸环节增加、商品重复包装	商品库存费增加、装卸搬运费增加、商品包装费增加
物流信息	简化业务、提高透明度	建立计算机网络，增加信息处理设备，如手持终端；采用条形码；增加信息采集点	增加信息处理费、方便业务运作、提高客户服务质量、信息安全性和可靠性影响到系统运作安全	与其他要素的目标没有冲突

（2）要素内部的目标冲突。

物流系统的要素可作为系统来分析。

物流系统的功能要素——运输功能、储存功能、包装功能等要素都是物流系统的子系统。如将物流系统内部功能要素之间的目标冲突应用于任何一个功能要素，物流系统要素内部也存在着类似的目标冲突。

例如，宝洁中国公司“广州→北京”的运输方式有公路、铁路、航空，或几种方式的组合，对不同商品品种可以采取不同的运输方式。宝洁中国公司的物流目标是“保证北方市场的销售、尽量降低库存水平、降低物流成本——权衡市场销售要求和降低成本的要求—确定运输成本目标——在铁路、公路和航空运输中进行选择”。

比较铁路运输的优缺点、公路运输的优缺点，要求方便、快捷、经济。两种方式不能兼得，任何运输方式都有其特定目标和优势。

（3）要素外部的目标冲突。

物流系统是一个更大的子系统。物流环境中的其他系统都与物流系统一样有着特定目标，这些目标之间的冲突是普遍存在的，物流系统以这种方式同其他系统发生联系。例如在物流制造企业中，供应系统、生产系统、销售系统三者是并列的，它们都有各自的管理部门，这就要求管理部门从公司利益的角度对各部门进行协调和权衡。

物流系统要素之间的目标冲突不能在要素这个层次得到协调，必须在比要素高一个层次的系统才能得到解决。

2. 要素产权冲突

一条供应链上的物流系统由不同的产权组织共同完成。物流基础设施（载体）产权的多样性与物流系统希望的载体产权的统一性产生矛盾。

3. 要素运作冲突

各要素都有各自的运作规律和标准，各要素之间在运作上相互不能适应对方的业务特点和流程、标准、规范、制度、票据格式等而产生矛盾的情况很普遍。

第二节 物流系统规划与设计

一、物流系统规划与设计的内容与阶段

（一）物流系统规划与设计的内容

物流系统规划与设计是根据物流系统的功能要求，以提高系统服务水平、运作效率和

经济效益为目的，制定各要素的配置方案，其内容随类型的不同而不同。

1. 按照层次划分

按照此标准，物流系统规划可以分为物流战略层次的规划、物流策略层次的规划和物流运作层次的规划。

（1）物流战略层次的规划，侧重于宏观控制，解决的是影响企业长远发展的战略决策等问题。物流战略层次的规划在各种规划层级中是最高的，时间也是最长的。战略规划的内容都是在战略层次上的引导，所考虑的是企业的目标、总体服务需求以及管理者通过何种方式来实现这些目标。

（2）物流策略层次的规划，是在战略规划框架下更为细致的指导性规划，通常是一个中期的计划，它在内容上比战略规划更为具体，可以包括配送策略规划、供给策略规划、国际物流策略、减少物流时间的策略规划、提高资本生产率的物流策略规划等。

（3）物流运作层次的规划，是在操作层次上的计划，是企业物流规划与设计的最后一层。详细的操作计划是用来指导每时每刻的物流活动的。它所包括的内容比较繁杂，所涉及的领域也极为广泛，比如建立合理的流程计划、车辆调度方案的确定、简化环节和合理的资源整合，以及 IT 系统的构建等。

2. 按照地理范围划分

按照物流范围的不同，物流系统可以构成一个完整的层次秩序，即国家级物流系统、区域级物流系统和行业物流系统。

（1）国家级物流规划，应是着重以物流基础设施和物流基础网络为内容的物流基础平台规划，应当和国家基础设施建设的政策相吻合。这个物流基础平台的规划，应当从现代物流综合的角度进行全面的规划，组建综合的网络，其中包括不同运输方式线路的合理布局和使网络发挥更大效用的综合物流结点、物流基地，以及相应的综合信息网络。

（2）区域级物流规划，应当着重于地区物流基地、物流中心、配送中心三个层次的物流结点以及综合的物流园区规模和布局的规划。物流基地、物流中心、配送中心三个层次的物流结点是省、市物流外结内连的不同规模、不同功能的物流设施，也是较大规模的投资项目。这三个层次物流结点的规划是省、市物流运行合理化的重要基础。

（3）行业物流系统规划，是指在物流基础平台之上，有大量的企业和经济事业单位进行运作，如供应、分销、配送、供应链、连锁经营等。要使这些运作合理化和协调发展，需要有规划地指导，如重要企业、重要产品的供应链规划，现代物流及配送支持的分销及连锁规划等。

（二）物流系统规划与设计的阶段

满足一定服务网络的物流系统由若干子系统组成。物流系统规划与设计包含了众多可能的选择，从物流网络构筑到仓库内部布局等，需要对每一个子系统或环节进行规划与设计。每个子系统的规划与设计需要和整个物流规划系统相互协调、相互平衡。

物流系统规划与设计的过程大体可分为五个阶段，如图 1–3 所示。

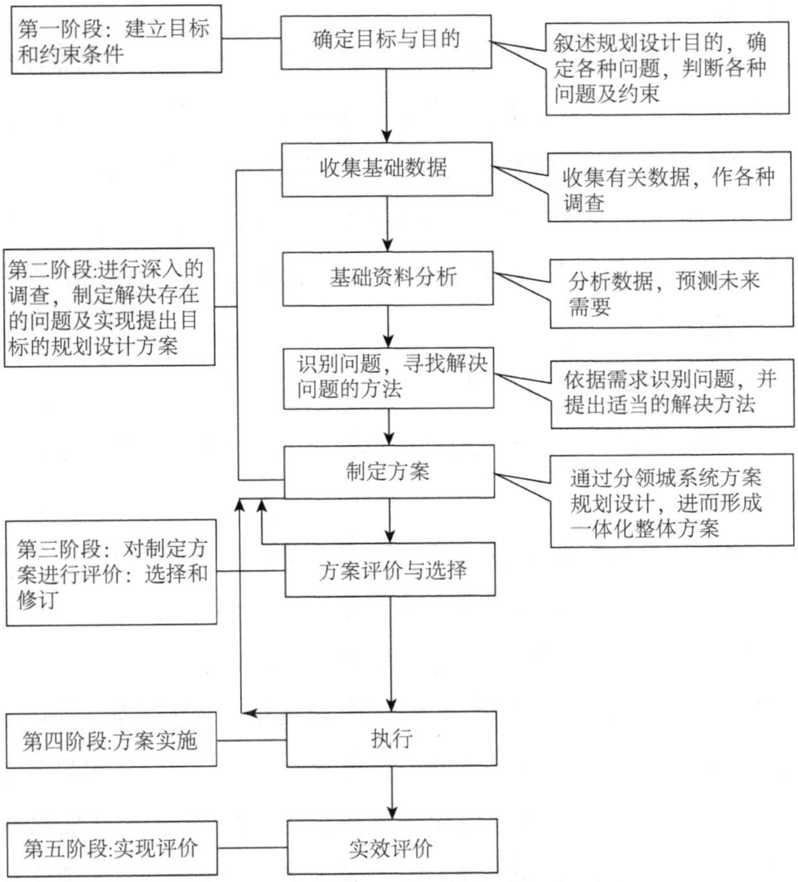

图 1–3　物流系统规划与设计的阶段

二、物流系统规划与设计的目标与原则

（一）物流系统规划与设计的目标

（1）系统的总体目标。通过提供低成本、高质量的物流服务，为社会经济的发展和国民经济的运作创造条件，以保障国民经济不断增长的需求，保证“可持续发展”目的的实现。

（2）系统的目标具体体现在以下几个方面：

① 服务目标；

② 快速、及时目标；

③ 节约目标；

④ 规模优化目标——追求物流的“规模效益”；

⑤ 库存调节目标。

（3）系统目标关系的协调。不同目标之间总会存在冲突，例如提高企业经济效益与改善服务品牌之间的冲突。虽然减少资金占用、加速资金周转能降低生产成本，但为了提高服务品质，需要适度增大库存，这就增大了资金占用，提高了生产成本。

物流系统规划与设计的好坏直接影响到整个物流过程是否能够实现一体化、信息化、客户化、规模化与精益化。物流系统规划与设计的目的也是衡量设计出的物流系统是否满足需求的有效评价标准。

（二）物流系统规划与设计的原则

从系统设计的角度来讲，物流系统设计应遵循开放性原则、物流要素集成化原则、网络化原则和可调整性原则。

（1）开放性原则：物流系统的资源配置需要依据满足市场需求的产品整个生命周期的全过程，涉及采购、生产、存储、运输到销售的全过程，所以在资源配置的过程中要考虑各个环节的协调与贯通，以实现物流、信息流和资金流的集成。

（2）物流要素集成化原则：其指通过一定的制度安排，对物流系统的功能、资源、信息、网络等要素进行统一规划、管理、评价，通过各要素之间的协调和配合使所有要素在一个整体中运作，从而实现物流系统要素间的联系，达到物流系统整体优化的目的。

（3）网络化原则：其指将物流经营管理、物流业务、物流资源和物流信息等按照网络方式在一定市场区域内进行规划、设计、实施，以实现物流系统快速反应和最优成本等要求的过程。

（4）可调整性原则：其指根据市场需求的变化及经济发展的变化及时应对，以快速响应市场变化。

物流系统的基本原则是从物流需求和供给两个方面谋求物流的大量化、时间和成本的均衡性、货物的直达性及搬运装卸的省力性。物流系统设计与规划的总体原则是使人力、物力、财力和人流、物流、信息流得到最合理、最经济、最有效的配置和安排，即要确保物流系统各环节参与主体功能。并要以最小的投入获得最大的效益。

（三）物流系统规划与常用的方法步骤

物流系统规划与设计是对物流活动进行最合理的计划，对各种物流设备进行合理的调配和使用，使用各种先进技术对物流效率进行最有效的评价的过程。例如，使用计算机、系统工程、价值工程技术求得物流的最佳技术方案。一般有以下几种常用方法。

1. 数学规划法

数学规划法（运筹学）是一种对系统进行统筹规划，寻求最优方案的数学方法。其具体理论与方法包括线性规划、动态规划、整数规划、排队规划和库存论等。这些理论和方法都是解决物流系统中物流设施选址、物流作业的资源配置、货物配载、物料储存的时间与数量等问题的方法。

2. 统筹法

统筹法（网络计划技术）是指运用网络来统筹安排，合理规划系统的各个环节。它用网络图来描述活动流程的线路，把事件作为结点，在保证关键线路的前提下安排其他活动，调整相互关系，以保证按期完成整个计划。该项技术可用于物流作业的合理安排。

3. 系统优化法

系统优化法是在一定约束条件下，求出使目标函数最优的解的方法。物流系统包括许多参数，这些参数相互制约，互为条件，同时受外界环境的影响。系统优化研究，就是在不可控参数变化时，根据系统的目标，确定可控参数的值，以使系统达到最优状况。

4. 系统仿真法

系统仿真法是指利用模型读实际系统，进行仿真实验研究的方法。

（四）物流系统规划与设计的分析步骤

物流系统规划与设计的分析步骤包括以下七个方面：

1. 问题的提出

对某一系统进行分析时，首先必须明确分析问题的目的和系统当前的状态，分析问题的构成、范围，也就是要回答“做什么”“为什么要做”。

2. 系统环境分析

外部条件构成对系统产生影响和约束，科学、技术、政治经济、文化、教育、人口、气候、生态等构成系统的环境因素。环境独立于系统控制，对系统产生影响。进行系统分析时，把握与系统有物资、能量、信息交换的主要外部条件，将其作为系统的环境因素加以分析。

3. 结构层次分析

在系统分析中，重点研究各要素的特点、功能以及它们之间的相互联系和作用的方式，把握系统的结构，特别是结构的层次性。对于复杂的系统要通过层次分析将之简化。

4. 确定系统目标

选定系统的总目标是系统分析的主要根据。遵循一般系统论原则，即整体性原则和相互联系的原则。

5. 建立模型

通过模型技术，可建立问题的数学或其他形式的模型。模型不是系统本身，而是对系统的描述、模仿或抽象，反映实际系统的主要特征。利用模型预测每一方案可能产生的结果，并根据其结果说明各方案的优劣。

6. 系统优化

用最优化理论和方法，对所构造的系统模型进行最优化求解。在有足够定量因素的条件下，用数学的方法建立数学模型，运用运筹学等技术寻求最佳方案，对于复杂问题可运用计算机求解。在定量优化的基础上，再考虑定性。

7. 综合评价

对系统的若干方案进行优化后，还要进行综合评价。几个替代方案各有千秋，需要按所制定的系统指标体系，定出综合评价的标准，通过评价标准对各方案进行综合评价，确定各方案的优劣顺序，提供给决策者进行决策。

若决策者对上述方案不满意，则按前面的步骤，对因素进行调整，重新分析。若决策者对方案满意，则实施之。

第二章

物流系统战略规划

物流系统在运行时往往比较复杂，整个流程环节众多，需要有共同的规划进行制约，以解决“效益背反”、低水平重复建设等问题。物流战略规划确定了物流系统的社会和历史使命，明确了目标，制定了发展战略和总体方案，为物流系统的发展做长期且全面的计划。

第一节 物流系统战略概述

一、物流战略概述

（一）物流战略的背景

20 世纪 90 年代中期，物流的战略实质和实现物流战略管理的背景初步形成，这一背景的要点可以概括为以下几方面：

（1）社会化大生产需求的推动和市场需求的拉动已经开始形成合力，推动并促进社会物流的合理化进程。20 世纪 70 年代，当有的企业还在对具体的物流活动进行分别管理的时候，一些有远见的大企业就已经认识到把物流管理提升到战略管理的高度对企业的成功起着举足轻重的作用。尤其是 JIT（准时生产）的战略思想及生产方式已经从第二产业广泛进入第三产业，这种观念上的创新导致物流链管理产生了划时代的变革。

（2）市场经济的繁荣和市场经济体制的确立，为物流业务在更大范围地开展提供了广阔的发展空间，也为物流经营者运用市场机制更好地实现物流功能创造了前提条件。就中国内地来说，经过几十年的改革与创新，以市场为导向的经济发展模式已经确立。随着制造业的兴起，专门的物流企业也大批涌现出来。物流企业的出现使得物流业作为一种独立的经济发展模式有了高速运行的载体。

（3）现代高新技术，特别是电子信息技术的发展已经达到成熟阶段，能够广泛投入到物流信息系统的实际开发与应用之中，为物流网络组织的运行提供相应功能及技术支持。

（4）现代法人财产制度的确立，使物流经营者在产权清晰的前提下，有了更强的自主经营能力、自我发展动力和机制，并为不同法人间的合资、合作经营物流业务，完善运行和控制机制奠定了基础。

（5）社会物流链管理关系到国民经济许多部门以及经济运行中的诸多经营者，关系到社会物流总费用的节约，而进行物流战略研究是基础工作，必须具有超前性。应用最新研究成果引导物流链管理在实践中不断向合理化方向发展，这一思想已经开始被具有远见的企业家们所接受。①

（二）物流战略的概念

所谓战略，指的是一个组织长期的发展方向和范围，它通过在不断变化的环境中调整资源配置来取得竞争优势，实现利益相关方的期望。“战略”和“物流”一样，最初也是在军事领域中被提出来的，不过，随着人类社会实践的发展，“战略”这种提法逐渐被人们用于军事领域以外，并被赋予了新的含义。将战略思想运用于物流的经营管理中，也就产生了“物流战略”的概念。

根据国家标准，定义物流战略为：为寻求物流的可持续发展。就物流发展目标以及达成目标的途径与手段而制定的长远性、全局性的规划与谋略。

（三）物流战略的内容及要素

一般来说，物流战略的基本内容或组成要素包括：物流系统的宗旨、物流战略目标、物流战略导向、物流战略优势、物流战略类型、物流战略态势、物流战略措施和物流战略步骤等。

（1）物流系统的宗旨是指物流在社会经济发展中所承担的责任或主要目的。物流系统的宗旨一旦确定，将直接影响到企业参与物流系统设计与运营的任务、目的和目标。

---

① 王鑫，迟永满，魏先民，等．物流系统规划与设计[M]．北京：对外经济贸易大学出版社，2011.

（2）物流战略目标是指由物流系统宗旨引导、表现为物流系统目的并可在一定时期内实现的量化成果或期望值。物流战略目标对物流战略基本要素的设计与选择有重要的指导作用，是物流战略规划中各种专项策略制定的基本依据。

（3）物流战略导向是指物流系统生存、成长与发展的主导方向。影响物流系统生存、成长与发展的主导因素主要包括物流活动中的服务、市场、技术、规模、资源、组织、文化等。

（4）物流战略优势是指物流系统能在战略上形成的有利形势和地位。物流战略优势可以包括如下几个方面：产业优势、资源优势、地理优势、技术优势、组织优势和管理优势。

（5）物流战略类型是指物流战略的种类，由于标准不同，可以划分很多种。例如，根据物流战略对象的范围，可以划分为国家物流战略、区域物流战略、企业物流战略；从目的和功能角度来讲，可以划分为时效性战略、资产生产力战略、技术战略和关系战略；从战略行为角度出发，可以划分为扩张型物流战略、稳定性物流战略、收缩型物流战略等：从战略重点角度来分。可以划分为物流系统的生存战略、经营战略、发展战略等。

（6）物流战略态势是指物流系统的服务能力、营销能力、市场规模在当前的有效方位以及随着战略逻辑过程不断演变的过程和推进趋势。在做物流战略规划时，要着重考虑物流系统的凝聚力、适应力、抗风险能力等，搞清楚其在动态发展中的现状和走向。

（7）物流战略措施是指物流战略的实施与控制以及附带的有关技术手段。在战略实施过程中，战略规划制定与其进入实施阶段的措施是密切相关的，如果配合得当，则将会使物流管理获得成功，反之，则不然。

（8）物流战略步骤是指阶段性目标的制定和实施。物流战略在总体上要按时间做一个整体的规划，使其在分阶段实施时有所侧重。反过来，这种分阶段目标的实现也是实现物流战略总目标不可缺少的一部分。

物流战略系统规划与设计的核心思想就是让物资在流通过程中的每个环节相互衔接，形成完整、一体的供应链管理，也就是将传统意义上的点对点间的运输功能进行延伸，实现包括订货、取货、分拣、包装、仓储、装卸、搬运、配送、咨询以及其相关信息服务等所有功能的一体化。

二、物流战略规划的基本内容和原则

（一）物流战略规划的内容

物流战略规划就是通过对规划对象的内外部环境因素的分析和组合来确定其规划宗旨

的性质，设定其所要达到的目标，并以此制定规划对象要达到目标的战略和政策。

对于企业而言，物流战略规划主要包括两个方面的内容：一是物流环境分析，二是物流战略管理。其中物流环境分析又包括宏观环境分析、行业环境分析和企业内部环境分析，而物流战略管理主要包括战略目标制定、物流战略选择、物流战略实施三个方面。

值得注意的是，国家物流战略规划和区域物流战略规划对于企业物流战略来讲，规划的内容、侧重点不尽相同。纵向来看，国家物流战略规划主要是从整个国民经济的发展来考虑的，而区域物流战略规划则侧重于区域的经济发展，而且是以区域企业的物流整体发展水平为参照物。横向来看，区域与区域之间的情况不同，区域物流战略的规划也各具特点。同样，即使处于一个区域的企业，在进行物流战略规划时，固然可以参考兄弟企业的规划方案，但更重要的还是结合企业自身的优劣态势进行制定。①

（二）物流战略规划的原则

物流战略规划是一个全局性的工作，一旦制定以后，就具有长期的指导性，所以不能草率行事。一般来说，物流战略规划应遵循以下几个基本原则：

1. 科学评价

在进行物流战略规划时，要综合考虑影响整个物流系统的外部条件和内部要素，并决定其取舍；在对战略优势进行评价时，要从地理优势、资源优势、技术优势、组织优势、管理优势、产业优势等方面进行逐一分析；对于战略类型的选择要根据自身的发展方向而有所侧重，切不可一味求全而形不成自己的竞争核心；在评价战略态势时，要对自身的发展力、竞争力、凝聚力进行综合考察，对一个企业来讲，还要及时更新，补充新的物流理念和企业文化。

2. 全局意识

全局意识指的就是“持续性”“长远性”“前瞻性”。在进行物流战略规划时，必须考虑各方面的制约因素，把重点放在可持续发展这个侧重点上；另外，因为战略规划是一个中长期的计划工作，就要特别重视其长远的效果和持久的优势。

3. 柔性可行

因为物流系统的外部环境和内部各要素并不是一成不变的，所以在制定物流战略时，要充分考虑环境和内部要素的可能变化，使物流战略规划具备一定的柔性，从而减少适应成本。物流战略规划虽然针对的是长期发展，但也不能脱离国情、社情，其规划的定位必

① 王鑫，迟永满，魏先民，等．物流系统规划与设计[M]．北京：对外经济贸易大学出版社，2011.

须具有可实现性，即经过一定的努力可以达到或实现这些定位和目标，否则，物流战略即使规划出来，也不能顺利实施，这样一来，也失去了规划的意义。

三、物流战略规划的层次与作用

（一）物流系统战略规划的层次

物流战略可分为全局性战略、结构性战略、功能性战略、基础性战略四个层次。

1. 全局性战略

物流管理的最终目标是满足客户需求，因此客户服务应该成为全局性战略目标。对于全局性战略建立用户服务的评价指标体系，实施用户满意工程是战略实施的关键措施。

2. 结构性战略

结构性战略包括渠道设计与网络分析两方面内容。

（1）渠道设计

通过优化物流渠道、重构物流系统，可提高物流系统的敏捷性和适应性，使供应链成员企业降低物流成本。

（2）网络分析

网络分析主要通过库存分析、用户调查、运输方式分析、信息及其系统状况分析、合作伙伴绩效评价等为优化物流系统提供参考。其目的在于改进库存管理、提高服务水平、增强信息交流与传递效率。

3. 功能性战略

功能性战略主要指通过加强物料管理、运输、仓储管理等物流功能环节的管理，实现物流过程的适时、适量、适地地高效运作。其主要内容有运输工具的使用与调度优化、采购与供应方法策略的采用、库存控制及其仓储管理。

4. 基础性战略

基础性战略主要是为保证物流系统的正常运行提供基础性保障，其内容包括组织系统管理、信息系统管理、政策与策略管理、基础设施管理等。

（二）物流系统战略规划的作用

1. 降低营运成本

降低营运成本是指降低可变成本，主要包括运输和仓储成本，例如物流网络系统的仓库选址、运输方式的选择等。面对市场的竞争者，公司应达到何种服务水平是早已确定的事情，成本最小就是在保持服务水平不变的前提下选出成本最小的方案。当然，利润最大一般是公司追求的主要目标。

2. 提高投资效益

提高投资效益是指对物流系统的直接硬件投资最小化，从而获得最大的投资回报率。在保持服务水平不变的前提下，我们可以采用多种方法来降低企业的投资，例如，不设库存而将产品直接送交客户，选择使用公共仓库而非自建仓库，运用 JIT 策略来避免库存，或利用第三方物流服务等。显然，这些措施会导致可变成本的上升，但只要其上升值小于减少的投资，则使用这些方法未尝不可。

3. 改进服务水平

改进服务水平是提高竞争力的有效措施。随着市场结构的完善和竞争的激烈，顾客在选择公司时除了考虑价格因素外。及时准确的到货也越来越成为公司有利的筹码。当然高的服务水平要有高成本保证，因此，综合权衡利弊对企业来说是至关重要的。服务改善的指标值通常是用顾客需求的满足率来评价，但最终的评价指标是企业的年收入。

4. 物流战略优势

物流战略优势，显而易见是指某个物流系统能够在战略上形成的有利形势和地位，是其相对于其他物流系统的优势所在。物流系统战略可在很多方面形成优势；产品优势、资源优势、地理优势、技术优势、组织优势和管理优势。随着顾客对物流系统的要求越来越高，很多企业都在争相运用先进的技术来保证其服务水平，其中能更完美地满足顾客需求的企业将成为优势企业。例如第三方物流企业如果率先利用 GPS 定位系统，顾客可以实时跟踪订单的履行情况，因此，它在物流行业中就有了技术优势。逐步就可形成其管理优势等。对于物流企业来说，研究物流战略优势，关键是要在物流系统成功的关键因素上形成差异优势或相对优势，这是取得物流战略优势经济有效的方式，可以取得事半功倍的效果，当然也要注意发掘潜在优势，关注未来优势的建立。

总之，企业物流系统战略的制定作为企业总体战略的重要组成部分，要服从企业目标和一定的客户服务水平，企业总体战略决定了其在市场的竞争能力。如果企业战略的制定是为了反击竞争对手的策略，那么高效的物流系统往往是体现企业竞争力的重要因素。①

---

① 王鑫，迟永满，魏先民，等．物流系统规划与设计［M］．北京：对外经济贸易大学出版社，2011.

第二节 物流系统战略规划的步骤

一、物流系统战略规划的制定

（一）物流系统战略环境分析

1. 企业战略环境分析

企业战略环境包括宏观环境、行业环境、企业内部环境和物流体系环境。

（1）宏观环境。

宏观环境指的是以国家宏观社会经济要素为基础、结合企业的行业特点而制定的环境影响因素指标，由社会约束力量构成。主要包括自然环境（原料资源、能源、污染等）、经济环境（购买力水平、消费支出模式、供求状态等）、人口环境（人口的规模及其构成、教育程度、地区间流动等）、技术环境（科技进步等）、政治法律环境（政治体制、法令法规等）和社会文化环境（风俗习惯、观念等）。

（2）行业环境。

建立物流系统时，除了要分析物流系统所处的宏观环境，最重要的是要分析一下行业的现状和发展。它是企业必须研究的重要方面，因为它直接影响物流经营的外部环境。行业环境分析的内容包括：市场规模与发展、竞争者情况、技术经济支持情况和新技术新产品的影响。

（3）企业内部环境。

进行了企业外部环境的分析后，我们基本上完成了知彼的过程，同时，我们还要做到知己，对企业的内部环境进行分析，包括对企业内部各职能部门和生产要素的分析。对企业职能部门的分析涉及各职能部门的现状及发展，以及各职能部门之间的联系和沟通，目的是为了找出制约企业发展的“瓶颈”。对生产要素的分析从纵向出发，打破职能的界限，站在整体发展的高度研究各生产要素对企业的影响，以更适合于企业总体战略的分析。

（4）物流体系环境。

物流体系环境是指构成物流系统的内部环境，主要包括商品产销地理与市场环境、交通运输环境、仓储物流设施环境、物流信息传递处理环境、物流政策与人才环境等。加深对物流体系环境的认识，有利于充分发挥物流体系优势，更好地促进物流畅通。为经济发展服务。

企业战略环境可以采用 SWOT 分析方法进行分析。SWOT 分析法是将企业外部环境的机会（O）与威胁（T），内部条件的优势（S）与劣势（W）同列在一张十字形图表中加以对照，可一目了然，又可以从内外环境条件的相互联系中作出更深入的分析评价。SWOT 分析法是一种最常用的企业内外环境条件战略因素综合分析方法，如表 2-1 所示。

表 2-1　某物流企业内外环境战略因素 SWOT

优势（strong points）	劣势（weakness）
已有国际物流操作优势 物流成功经验与案例 领先的物流网络，较强的集约化管理系统 与交通运输部门和企业的良好关系	资金、资产、规模上的差距 与海运、铁路关联的货物物流基础弱 国际物流网络不强
机会（opportunities）	威胁（threaten）
电子商务与物流高速增长 大量企业需要高水平物流服务 跨国物流公司需要国内网络的配合	海陆空大运输企业与大公司大力扩展物流业务 加入 WTO 后跨国公司的大举进入 国内大批物流企业的无序、恶性竞争

2. 物流业市场竞争环境分析

（1）来自国外物流企业的威胁。

近年来，国际上著名的物流公司看好中国市场，纷纷采取合资或独资形式开始在国内开展物流业务。日本的通运、住友、三菱，澳大利亚的 TNT 和英国的英之杰等公司纷纷在上海、北京、广州、武汉等大中城市建立物流机构和货运网络。随着中美互惠海运协定的更新，美国总统轮船公司新成立的中国公司成为第一个获得中国政府认可的可在中国提供全方位物流服务的外商独资企业；铁行渣华已获准在我国青岛、南京、厦门和广州开设“铁行渣华物流（中国）公司”的分公司；FedEx 和大田公司的合作计划将物流网络建设到中国的每一个乡镇；马士基物流依托原有的货代网络在沿海 20 多个城市建立物流网络。随着我国加入 WTO 和服务市场的逐步开放，国外物流企业在带来物流专业知识和经验、为客户提供完善的综合物流服务的同时，也会给国内物流市场形成巨大的冲击。

（2）来自国内物流企业的竞争。

中国传统的与物流相关的行业，尽管限于观念和体制等方面的原因，在现代物流的发展过程中，明显处于落后状态，但由于其拥有国内绝大多数的物流硬件资源，他们一旦在观念和体制上完成向现代物流的转变，其竞争能力将得到显著加强，国内物流业的竞争将更加激烈。

（3）大型企业物流社会化竞争。

大型生产或流通企业自营物流体系的社会化，是中国物流市场上的一支劲旅。如海尔集团成立海尔物流公司，科龙和中远成立安泰物流公司等。

（4）财团投资项目建立的企业。

随着物流业的兴起，国内大量闲散的、找不到很好投资渠道的资金纷纷投资物流业，如上海南方物流，其投资方本身是以房地产项目投资为主的，现在投资上海南方物流公司。另外像上海实业、华瑞、华北高速等大型投资商，也将物流作为新的投资重点。这些新加入者给原有的物流公司形成巨大的压力，同时也为物流市场输入了新的血液。

物流业市场竞争环境分析可以借用波特的五种竞争力量分析模型，如图 2-1 所示。依照迈克尔·波特的观点，一个行业中的竞争，远不止在原有竞争对手中进行，而是存在着五种基本的竞争力量，即潜在的加入者、代用品的威胁、购买者的讨价还价能力、供应者讨价还价能力以及现有竞争者之间的抗衡。

这五种基本竞争力量的状况及其综合强度，决定着物流行业的竞争激烈程度，决定着物流行业中获得利润的最终潜力。

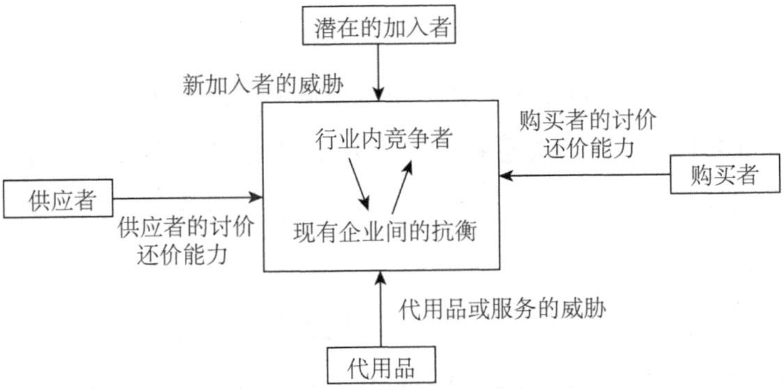

图 2-1　决定行业竞争的五种力量

（二）物流系统战略规划的形成方法

类型与规模不同，以及管理人员层次不同，会导致物流系统战略形式的不同。规模小的物流系统，常常是所有者兼任管理人员，其战略一般都是非正式的，主要存在于管理者的头脑之中，或者只存在于与主要下级人员达成的口头协议之中。而在大规模的公司之中，战略是通过各层管理人员广泛的参与，经过详细复杂的讨论和认真细致的研究，有秩序、有规律地形成的。根据不同层次管理人员介入战略分析和战略选择工作的程序，可以将战略形成的方法分为四种形式。

1. 自上而下的方法

这种方法是先由总部的高层管理人员制定物流系统的总体战略，然后由下属各部门根据自身的实际情况将物流系统的总体战略具体化，形成系统的战略方案。这种方法最显著的优点是，物流系统的高层管理人员能够牢牢把握整个系统的经营方向，并能对下属各部门的各项行动实施有效的控制。这种方法的缺点是，要求物流系统的高层管理人员制定战略时必须深思熟虑，战略方案务必完善，并且还要给下属各部门提供详尽的指导。同时，这种方法也束缚了各部门的手脚，难以发挥中下层管理人员的积极性和创造性。

2. 自下而上的方法

这是一种先民主后集中的方法，在制定战略时。物流系统最高管理层对下属部门不做硬性规定，而是要求各部门积极提交战略方案，物流系统最高管理层在各部门提交战略方案的基础上，加以协调和平衡，对各部门的战略方案进行必要的修改后加以确认。这种方法的优点是，能够充分发挥各个部门和各层管理人员的积极性和创造性，集思广益。同时，由于制定的战略方案有广泛的群众基础，在战略实施过程中也容易得到贯彻和落实。方法的不足之处是，各部门的战略方案难以协调，影响了整个战略实施计划的系统性和完整性。

3. 上下结合的方法

这种方法是在战略制定的过程中。物流系统最高管理层和下属各部门的管理人员共同参与，通过上下各层管理人员的沟通和协商，制定出适宜的战略。这种方法的主要优点是，可以产生较好的协调效果，制定出的战略更加具有可操作性。

4. 战略小组的方法

这种方法是指物流系统的负责人与其他的高层管理者组成一个战略制定小组，共同处理企业所面临的问题。在战略制定小组中，一般都是由总经理任组长，而其他人员的构成则具有很大的灵活性，由小组的工作内容而定，通常是吸收与所要解决的问题关系最密切的人员参加。这种战略制定方法目的性强，效率高，特别适宜制定产品开发战略、市场营销战略等特殊战略。

（三）物流系统战略规划解决的问题

物流系统战略规划主要是要解决三个方面的决策问题，如图 2-2 所示。即围绕顾客服务水平核心目标对物流设施分布、库存和运输进行决策。因此设施选址决策、库存决策、运输决策是物流系统战略规划的主要内容。因为这些决策都会影响企业的营利能力、现金流和投资回报率，并且每个决策都与其他决策互相联系，所以制定物流战略规划方案时，必须应用系统工程理论与方法进行有效规划，同时，对各决策问题相互之间存在的“效益背反”关系也应予以考虑。

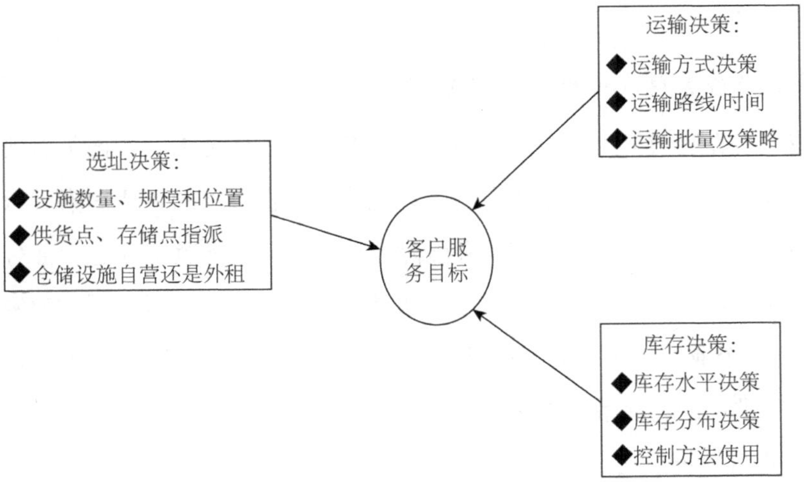

图 2-2 物流决策三角

1. 设施选址决策

物流设施分布决定产品从工厂、分销商或中间库存到客户整个商品供应活动的效率和相应的费用，并且生产厂、储存点及供货点的地理分布构成物流系统规划的基本框架。

其内容主要包括：确定设施的数量、地理位置、规模，并分配各物流设施所服务的市场范围。这样就确定了产品到市场之间的线路。好的设施选址应考虑所有的产品移动过程及相关成本，包括从工厂、供货商或港口经中途储存点然后到达客户所在地的产品移动过程及成本。通过不同的渠道来满足客户需求，如直接由工厂供货，供货商或港口供货，或经选定的储存点供货等，则会影响总的分拨成本。

寻求成本最低的需求分配方案或利润最高的需求分配方案是选址战略方案的核心所在。

2. 库存决策

库存决策指的是货物的库存采取何种管理方式。将库存分配（推动）到储存点与通过补货自发拉动库存，是两种不同的存货管理方式，同时也代表着两种不同的库存战略。采取不同的库存战略决定了物流设施的分布决策。由于企业具体库存政策将影响设施选址决策，所以必须在物流战略规划中予以考虑。

其他库存方面的决策内容还涉及产品系列中的不同品种是选在工厂、地区性仓库，还是基层仓库存放的问题，以及运用各种方法来管理永久性存货的库存水平问题。

3. 运输决策

运输决策包括运输方式、运输批量和运输时间以及路线的选择。这些决策受仓库与客户、仓库与工厂之间距离的影响，反过来又会影响仓库选址决策。库存水平的大小也与运输批量和批次有关。

（四）企业物流系统战略规划的制定

由于物流系统在物流能力、业务规模、目标客户、地域范围等方面都有所差别，所以如何根据系统类型进行战略定位是决定物流系统战略是否合理的首要因素。合理的企业物流系统战略是实现物流系统目标的前提和保障。按照物流服务范围（包括业务范围、输送方式多样性、流通加工等增值服务能力）和机能整合性（要素集成者提供服务所必需的功能的具备程度），企业物流系统战略可以分为先驱型、机能整合型、业务代理型和缝隙型四种类型，每种类型的物流系统战略都具有相应的战略特征。

1. 先驱型物流系统战略

具有机能整合程度高、服务范围广、物流能力强的特征，它往往是由超大型的跨国物流集团构建的。先驱型物流系统多采用综合物流系统战略，该战略以大规模、长距离运输为主要业务，自身拥有数量多、规模大的物流节点，同时具备运输、保管、流通加工等功能。

2. 机能整合型物流系统战略

机能整合型物流系统多采用系统化物流系统战略。系统化物流系统战略注重引进自动化的分拣系统和货物跟踪系统来为客户提供快速、准确的物流服务，同时从集货到配送都由该系统独自承担。有一部分机能整合型物流系统通过对客户的进一步细化来提供具有特色的物流服务，另一部分通过多元化经营来降低由于业务集中所带来的风险。

3. 业务代理型物流系统战略

业务代理型物流系统则一般采用柔性物流系统战略。业务代理型物流系统主要是各种规模的代理运输公司和第三方物流企业，该类型系统所采用的战略最大特点是柔性化。柔性战略，一方面体现在资源整合的柔性上，系统可以通过将具体业务所需的物流资源动态集成来提供物流服务，而本身不必拥有各种类型的专用化资产；另一方面，从业务角度讲，它可以通过具有不同要求的物流提供基本物流服务和增值物流服务，因而体现了物流系统战略的灵活性。

4. 缝隙型物流系统战略

缝隙型物流系统一般采用差别化、低定价的物流系统战略。缝隙型物流系统由于在地点、物流能力、业务规模和服务质量等方面并不具有竞争优势。所以一般采用进入“鸡肋”物流市场，或者提供差别化、低定价的战略来占领一部分低端物流市场。

上述四种物流系统战略是针对特色鲜明的物流系统而言的，而在现实生活中，物流系统是千差万别的，而且客户要求提供的服务也是形形色色的。因此，上述四种战略可能会在同一物流系统中同时存在，发挥不同的作用，同一个物流服务提供商针对不同客户物流需求很有可能采取不同的物流系统战略加以应对。

二、物流系统战略规划的实施

（一）物流系统战略规划的实施要素

实施物流系统战略规划关键要素的选择对物流系统战略目标的实现具有重要的作用。企业物流系统战略规划实施的要素，如图 2-3 所示。

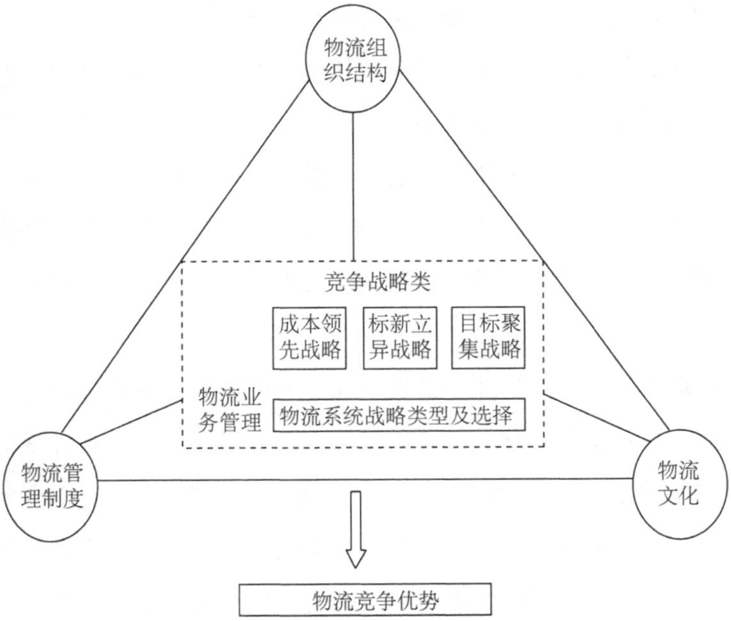

图 2-3 企业物流系统战略规划实施要素

1. 物流组织结构

如果要使物流系统战略规划成功，非常关键的方面是拥有所需的资源、决策影响力和组织影响力，那么它们就不得不在组织规划中占据中心位置。换句话说，就是一个新的或变化后的物流系统战略规划会导致新的或不同的关键性物流活动、物流工作人员的胜任能力或才能，因此，就需要新的不同的组织结构安排。所以，物流组织结构的构建是实施物流战略的首要因素。

2. 物流管理制度

建立一支有能力的物流管理队伍是物流系统战略规划实施的基础要素，战略实施者们必须决定实施战略所需的核心工作队伍的类型，然后寻求合适的人来填充每个职位。有时现存的物流工作团队就很合适，我国企业存在许多传统模式下的物流工作人员，比如采购部门的物料采购人员，销售部门的产品配送人员等，他们的许多工作就承担着现代物流的部分功能，在物流人才总体匮乏的大环境下，要想找到适合本企业的一线物流人才是非常困难的，所以企业物流人才的开发首先应该从这一部分员工入手，利用他们多年从事本部门工作的实践经验，培养基层的现代物流人才，所以物流人事制度的建立能起到重要的作用。

另外，由于现代物流概念在西方发达国家已经有半个世纪的发展历史，而在中国兴起也就 10 年左右的时间，真正引起广泛重视只有 5 年的时间，所以物流人才的成长需要时间的积累，需要理论学习、实践等方面的综合锻炼。现在，我国人才市场中各种物流人才需求量极其庞大，尤其是既具备经验又具备现代技术的企业物流人才更是紧缺。所以，企业针对这样一种内部紧缺、外部又供应不足的现状，就必须改变引进人才的传统思路，重视长期效应，给予引进人才良好的学习环境，多渠道引进人才。这样，企业激励制度的实施不仅能够留住企业现有物流系统战略规划实施的人才，也能从外部吸纳必要的物流人才。所以，人事和激励制度等物流管理制度是物流系统战略规划实施的关键要素之一。

3. 物流文化要素

众所周知，深埋于一个企业文化中的理论和习惯可以各自生根发芽，它可以产生于一个有影响力的个人、工作集体、部门或分支机构，也可以产生于组织等级的底层或者是高层。隐含或显现于一项物流系统战略中的哲学、目标和实践可以与一个企业的文化一致，也可以不尽相同。但物流系统战略与相应物流文化间的密切匹配关系会促进战略的实施和更好地执行战略，而两者间的不匹配则会形成障碍。物流战略与物流文化间的匹配关系越强，企业的物流管理者们就可以越少地依赖政策、规定、程序和监督以强化物流工作人员应该做什么和不应该做什么，而由于文化准则得到遵守。以至于它们可以自动地指导行为，所以物流系统战略规划实施过程中文化因素是最重要的保障。

（二）物流系统战略规划实施的阶段

物流系统战略规划在实施之前只是纸面上的或人们头脑中的东西，而物流系统战略规划的实施是战略管理过程的行动阶段，因此它比战略的制定更加重要，在将物流系统战略规划转化为战略实施的过程中，有四个相互联系的阶段。

1. 战略的发动

在这一阶段中，物流系统的领导人要研究如何将物流系统战略的理想变为大多数员工的实际行动，调动起大多数员工实现新战略的积极性和主动性，这就要求对物流系统管理人员和员工进行培训，向他们灌输新的思想和新的观念，提出新的口号和新的概念，消除一些不利于战略实施的旧观念和旧思想，以使大多数人逐步接受一种新的战略。对于一个新的战略，在开始实施时会有相当多的人产生各种疑虑，而一个新战略往往要将人们引入一个全新的境界。如果新战略没有得到员工的充分认识和理解，它就不会得到大多数员工的拥护和支持。因此，战略的实施是一个发动广大员工的过程，要向广大员工讲清楚企业内外环境的变化给物流系统带来的机遇和挑战，旧战略存在的各种弊病，新战略的优点以及存在的风险等，使大多数员工能够认清形势，认识到实施战略的必要性和迫切性，树立信心，打消疑虑，为实现新战略的美好前途而努力奋斗。在发动员工的过程中，需要努力争取战略的关键执行人员的理解和支持，他们往往是新系统实施成功与否的关键。

2. 战略的实施

将物流系统战略分解为几个战略实施阶段，每个战略实施阶段都有各自的目标、政策措施、部门策略以及相应的方针等。要定出分阶段目标的时间表，要对各阶段目标进行统筹规划、全面安排，并注意各个阶段之间的衔接，对于远期的目标方针可以概括一些，但是对于近期的目标方针则应该尽量详细一些。在战略实施的第一阶段，新战略与旧战略应该有很好的衔接。以减少阻力和摩擦。第一阶段的分目标及计划应该更加具体化和可操作化，应该制定年度目标、部门策略、方针与沟通等措施，使战略最大限度地具体化并变成企业各个部门能够具体操作的业务。

3. 战略的运作

物流系统战略的实施运作主要与下面六个因素有关：各级领导人员的素质和价值观念、物流系统的组织机构、物流系统文化、资源结构与分配、信息沟通和控制及激励制度。通过这六个因素使战略真正进入到物流系统的日常生产经营活动中，成为制度化的工作内容。

4. 战略的控制与评估

战略是在变化的环境中实践的。物流系统只有加强对物流系统战略执行过程的控制与评价，才能适应环境的变化，完成战略任务。这一阶段的工作重点主要是建立控制系统、监控绩效和评估偏差、控制及纠正偏差三个方面。

（三）物流系统战略计划的实施

物流系统战略计划的实施是回答战略如何实施的具体问题。

根据所考虑时间长短不同。物流系统战略计划可以分成三个层面，即战略层面、策略层面和执行层面。战略层面考虑长期的计划制定，时间在一年以上；策略层面考虑一年内的实施计划；执行层面考虑短期的行动，经常需要做出每天甚至每小时的决策，不同层面的计划需要处理不同的数据和信息。战略层面的计划是长期性的，所需数据无须太精确和完整。而是长期的平均数字。计划的制定也不追求绝对完美。而执行层面的计划，需要处理大量精确的数据和信息。例如，战略层面的计划对于库存的要求是整个库存水平不超过某一财务预算，而执行层面的计划需要对每种产品提出相应的库存管理方法。

1. 物流系统战略实施计划的制定过程

企业要有成效地决定物流系统的战略实施计划，就必须以一种强有力的组织方式去做。企业在决定战略实施计划系统时，必须设计相应的流程以便审核企业各部门之间，以及它们的活动和计划之间的相互关联、相互影响和相互依存性。这里给出两种物流系统战略实施计划的制定过程。

（1）层层制定过程。

即先由总公司的最高层制定总的战略与目标，然后层层分解、层层保证，最后将一个总目标分解为一个个具体的、容易达到的子目标。必须明确的一点是，一旦物流系统战略的实施计划最终被确定，就必须有一整套具体的程序来指导职工的日常行动作为匹配，只有这样，才会使企业的战略落到实处。

（2）战略职能区分型的制定过程。

即企业根据战略实施计划的实质内容（也就是具体的职能）来按项制定企业战略的整个过程。这个过程包括两大部分：战略制定过程和具体规划实施过程。实际上，这两者是一个不可分割的整体，两者互相补充、互相呼应。战略制定过程是具体规划的前提，而具体规划则是战略制定过程的后续工作及补充。

2. 物流系统战略实施计划的内容

战略的实施计划必须适应多变的、不可控的未来环境，计划中的事项必须要有充足的弹性，以使组织能够信心百倍地对付变幻莫测的环境。这种内在规定性决定了战略的实施计划系统必须有以下几方面的内容。

（1）物流系统总体战略的说明。

这包括三方面的内容：

① 什么是物流总体经营战略，包括总体战略目标和实现总体战略的方针政策；

② 为什么做这些选择；

③ 实现此战略将会给企业带来什么样的重大发展机遇。物流系统总体战略应是概括

性的和非限制性的。

（2）物流系统分阶段目标。

一般需要对分目标进行尽可能具体与定量的阐述，它是保证总目标实现的依据。系统的分目标常常与具体的行动计划和项目捆在一起，它们都是达成系统总目标的具体工具。

（3）系统的行动计划和项目。

行动计划是组织为实施其战略而进行的一系列重组资源活动的汇总。在战略的实施计划阶段，这些行动计划常常包括研究、开发及削减等方面的活动。各种行动计划往往通过具体的项目来实施。

（4）系统的资源配置。

资源配置是制定计划的基本决策因素之一。战略的实施需要设备、资金、人力资源及其他重要资源，因此，对各种行动计划的资源配置的优先程度应在战略的实施计划系统中得到明确规定。所有必要的资源在尽可能的情况下应折算为货币价值，并以预算和财务计划的方式来表达。

（5）战略子系统的相互协调。

为了实现企业的战略目标，必须有相应的组织结构来适应企业战略发展的需求。由于企业战略需适应动态发展的环境，所以，组织结构必须具备相当的动态弹性。另外，物流系统战略的实施计划往往包括若干子系统。必须明确各子系统间接口处的管理和控制。

（6）应变计划。

有效的战略实施计划系统要求一个企业必须具备较强的适应环境的能力。要获得这种能力，就要有相应的应变计划作为保障，要看到各种条件在一定时间内都可能突如其来地发生变化。将应变计划作为整个战略的实施计划系统的一部分，企业将尽可能地应付各种瞬息万变的环境，在错综复杂的竞争中独领风骚。

（四）基于战略实施的物流系统完善

物流系统战略的实施是一个动态过程，因为物流系统是时刻处于变化状态之中的，所以，物流系统战略的实施必须随着产业政策、技术、市场的变化而变化，只有这样，才能适应生产和销售的需要。随着物流系统战略的实施，应该在何时改善现有的物流系统是物流系统战略动态实施需要考虑的重要问题。何时改善物流系统一般可以从以下五个方面来考虑。

1. 市场需求

市场的需求及其地理分布直接影响到物流网络系统的构建。一个国家和地区需求的大幅度变化往往是物流系统需要重建的风向标。随着需求的变化，对现有物流设施规模的扩大和缩小是必需的，同时在那些没有建设物流系统的地区，由于需求的增长也可能需要建立相应的物流系统。

2. 服务水平

顾客服务水平变化的原因有竞争对手的战略发生变化，或市场发生变化。

3. 产品特性

物流中的产品特性包括重量、体积、价值和风险。可以在物流过程中通过包装、流通加工等方式改变其特性，从而达到服务改善的目的。

4. 物流成本

物流成本相对较高的话，则要求更新物流计划的频率就快一些，以保持对市场的敏感性。如生产食品工业化工产品的公司，由于其物流成本较高，所以进行微小的改善便可大幅度降低成本。但对于一些高科技产业如计算机等，由于物流成本在总成本中仅占微小的比重，所以其改善物流系统的动力相对较小。

5. 定价方法

采购或销售产品时定价方法的改变也会对物流计划产生影响。一般企业只关心自己责任范围内所产生的成本，如果一个企业最初的产品定价方法是由顾客来承担运输费用，那么企业往往会从生产过程与成品仓库方面来降低成本，但当定价方法改变时，运输成本需要由企业来承担的话，企业将不得不考虑运输所产生的成本而重新设计物流系统。

第三节 物流系统战略控制的规划

一、物流系统战略控制的内容

物流系统战略控制主要内容是指在物流系统战略的实施过程中，检查系统为达到目标所进行的各项活动的进展情况，评价实施企业战略后的企业绩效，把它与既定的战略目标与绩效标准相比较，发现战略差距，分析产生偏差的原因，纠正偏差，使物流系统战略的实施更好地与系统当前所处的内外环境、系统目标协调一致，使系统战略得以实现。

物流系统战略控制的实施需要有一定的条件，主要的条件如下：

（1）健全的组织机构。组织机构是战略实施的载体，它具有执行战略、衡量绩效、评估及纠正偏差、监测外部环境的变化等职能，因此组织结构越是合理、明确、全面、完整，控制的效果就有可能越好。

（2）高素质的领导。高层管理者是执行战略控制的主体，又是战略控制的对象，因此要选择和培训能够胜任新战略实施的得力的企业领导人。

（3）优良的企业文化。企业文化的影响根深蒂固，如果有优良的企业文化能够加以利用和诱导，这对于战略实施的控制是最为理想的，当然这也是战略控制的一个难点。

对物流系统战略的实施进行控制的主要内容有：

（1）设定绩效标准。根据系统战略目标，结合系统内部人力、物力、财力及信息等具体条件，确定企业绩效标准，作为战略控制的参照系。

（2）绩效监控与偏差评估。通过一定的测量方式、手段、方法，监测系统的实际绩效，并将系统的实际绩效与标准绩效对比，进行偏差分析与评估。

（3）设计并采取纠正偏差的措施，以顺应变化着的条件，保证系统战略的圆满实施。

（4）监控外部环境的关键因素。外部环境的关键因素是系统战略赖以存在的基础，这些外部环境关键因素的变化意味着战略前提条件的变动，必须给予充分的注意。

（5）激励战略控制的执行主体，以调动其自控制与自评价的积极性，以保证物流系统战略实施的切实有效。

二、物流系统战略控制系统的组成

进行物流管理需要制定和实施物流计划、但仅仅如此并不能保证预定目标的实现。随着时间的推移，物流环境的动态变化和不确定性可能会导致实际绩效偏离计划绩效。物流系统战略控制就是将实际履行的情况与计划实施情况相比较的过程。

在物流系统中，管理者根据客户服务和成本对计划中的物流活动（运输、仓储、库存、物料搬运和订单处理）进行控制。

（一）信息和流程

控制系统的核心就是需要控制流程。这一流程可能是某一单项活动，如履行订单、补足库存，也可能包括物流部门涉及的所有活动。输入信息以计划的形式进入流程，而计划又指明了流程设计的方法，根据控制系统的目标不同，计划的内容包括应当采取何种运输方式、保持多少安全库存量、如何设计订单处理系统，或者包括所有这些内容。

环境影响因素是流程的第二类输入信息。广义上的环境包括可能影响流程但计划中未考虑到的所有因素。它代表了使流程偏离计划水平的不确定因素。更为重要的一些环境影响因素为客户、竞争对手、供应商和政府的不确定行为等。

流程本身就是通常地实施绩效。绩效是指流程在某一特定时间所处的状况。如果流程指运输活动，那么绩效的衡量标准可以是直接成本（如运输费率）、间接成本（如丢失和毁损）或交付履行情况。

业务流程以及作为其输入信息的计划和作为其执行结果的实施绩效就是管理控制的内容，也就是流程规划和实施行为的产物。

（二）标准和目标

管理控制过程需要有一个参照标准，以便比较物流活动的执行情况。而管理者、顾问或计算机都为实施绩效符合该标准付出了劳动。一般而言，参照标准可以是成本预算、客户服务目标水平或利润的贡献等。

除了公司计划和公司政策中所设定的标准外，许多企业还向外部标准看齐。人们对于质量的高度重视导致了众多企业将标准定得很高，以便参与各种奖项的角逐。对物流管理者来说，质量高可能意味着准时履行订单，很少发生断货或不按时交付产品的现象，全世界的公司都在想方设法得到认证，一旦达到认证标准，就大张旗鼓地进行宣传。客户也希望他们的供应商是获得认证的企业，因为这将保证客户得到的产品或服务与他们的期望一致。所以对于产品或服务的提供者来说，这些质量奖或 ISO 9000① 的认证可能就是物流管理的目标。

（三）监控

监控是控制系统的神经中枢。它收取执行情况的信息，与参与目标进行对比，并负责启动修正措施，监控者得到的信息基本上为定期报告和审计的形式，通常是有关库存状况、资源利用情况、管理成本及客户服务水平等方面的报告。系统中的监控者是管理者、顾问或计算机程序。

监控者读解报告，并将实施绩效与目标进行比较。监控者还将判断实施结果是否失控。并采取适当的步骤使实施结果与目标相符。例如，如果客户服务水平与预期的服务水平相比太低，管理者就会要求在仓库中存有额外的安全库存。修正措施的精确程度取决于失控的程度，以及管理者希望修正措施持续时间。如果实际执行情况与预期的“偏差”在

---

① ISO 9000 质量管理体系：它是一门实践性很强的管理科学，是需要领导者采用一种理性的选择，建立起科学的管理理念和规范的先进的管理方法，而不是仅仅依靠下达指令。ISO 9000 质量管理体系标准，是国际上都承认并遵守的一组有关质量管理体系的标准，它是由国际标准化组织（International Organization for Standarzation 简称 ISO）正式发布的。

可接受范围内，有可能不进行修正。相反，如果偏差超出可接受的范围，管理者将启动及时、可行的临时操作方案来减少偏差，或者他会通过战略性规划来改变系统设计。是否采取临时操作方案和战略性方法取决于个人对偏差原因的判断。比如，认为偏差是随机因素导致的还是出现了根本性改变。同时，主要部分重新规划带来的收益与相关成本、采取快速修正措施的必要性也会对决策产生影响。

第三章

客户服务系统的规划与设计

客户服务是一种以客户为导向的价值观，从某种意义上说，“服务”是物流的性质，而一流的客户服务已成为高水平物流服务企业的标志。客户服务不仅决定了现有客户能否继续维持下去，而且也决定了有多少潜在客户能成为现实的客户。建立客户服务系统，目的是在货物运送和提供相关服务等方面充分满足客户的期望和要求，从而促进企业的良好发展。

第一节　客户服务概述

一、客户服务的概念

（一）客户的定义

客户是相对于产品或服务提供者而言的，是指所有接受产品、服务或信息的组织和个人。客户具备以下内涵：供应链下游的企业是上游企业的客户，他们可能是批发商、零售商或物流服务供应商；客户不一定在企业之外，内部客户日益受到重视，它使企业的服务无缝隙连接起来。因为人们习惯于为企业之外的客户服务，而把企业内的上、下流程工作人员和供应链中的上、下游企业看成是同事或合作伙伴，淡化了服务意识，造成服务的内外脱节和不能落实。

在供应链环境下，个体的客户和组织的客户都统称为客户，因为无论是个体或是组织都是接受企业产品或服务的对象，而且从最终的结果来看，“客户”的下游还是客户。

（二）客户的种类

在物流系统中，客户不仅指最终客户，还指在整个供给链系统中享受物流服务的团体和个人，主要包括消费个体、组织客户、中间客户。

1. 消费个体

满足其个人需要而购买产品或服务的个人或家庭（供给链的最终客户）。

2. 组织客户

企业或机构进行的采购活动（为使组织内的使用者完成某项具体的工作或任务）。

3. 中间客户

企业和最终消费者之间存在的中间企业组织。

（三）物流和营销的交叉

物流系统即是为了满足营销的地点要素。传统的观点认为如果提高了客户服务水平，物流成本将会增加。然而，通过实践证明，如果有效地对物流系统进行规划和设计，在物流成本降低的前提下，客户的总体服务水平也有可能提高。因此，物流系统是企业或供给链管理中，提高客户服务水平，进而提高企业价值的一个有力手段。在通常情况下，客户服务是物流和营销之间的关键连接点，如图 3-1 所示。

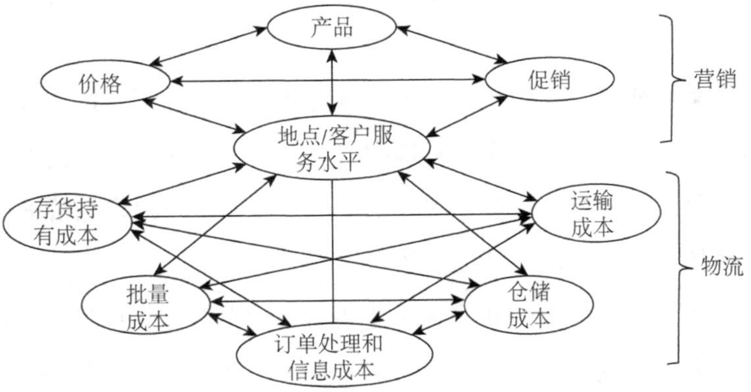

图 3-1　物流与营销的交叉

（四）客户服务的定义

客户服务是指“一种以客户为导向的价值观，它整合及管理在预先设定的最优成本——服务组合中的客户界面的所有要素”。客户服务是物流活动的出发点，也是最终落脚点。现代物流是一种以客户满意为出发点的服务，强调一切以客户为中心。客户服务的定义是随着企业而变化的，不同的企业对客户服务这一概念往往有不同的理解。例如，供应商和他的客户对客户服务的理解就有很大的不同。一般来说，客户服务可以理解为衡量物流系统为某种商品或服务创造时间和空间效用的好坏尺度，这包括从接受客户订单开始到商品送到客户手中为止而发生的所有服务活动。①

对大多数企业来说，客户服务可以用一种或几种方式来定义：

（1）一项管理活动或职能，如订货处理、客户投诉处理等；

（2）特定参数的实际业务绩效，如在24小时内实现98%的订单送货率；

（3）企业整体经营理念或经营哲学的一部分，而非简单的活动或绩效评价尺度。

尽管绝大多数企业高层主管都同意客户服务的重要性，但他们发现很难准确地解释什么是客户服务，以及客户服务的内容是什么。国外学者曾做过多方面的研究后认为，客户服务可以看成是以下几方面：（1）一种活动；（2）绩效水平；（3）管理理念。将客户服务看成是一种活动，意味着对客户服务要有控制能力；将客户服务看成是绩效水平，是指客户服务是可以精确衡量的；将客户服务看成是管理理念，则是强化了市场营销以客户为核心的重要性。所以这三个方面对于了解成功的客户服务究竟涉及哪些内容是十分重要的。

管理大师莱隆德认为："客户服务是一种过程，它以费用低廉的方法给供应链提供了重大的增值利益。"该定义说明了研究人员对客户服务的看法已趋于一种过程专业化导向，其中还包括了供应链管理概念。广义而言，任何能提高客户满意度的内容都属于客户服务的范围。

客户服务是发生在购买方、销售方和第三方之间的一个过程。这个过程导致交易的产品服务的价值增值，体现了物流在市场营销中的作用。产品的价值包括产品本身的价值及服务所提供的附加价值，通过提高客户服务水平可以增加产品的附加价值，进而增加产品或企业的价值。具体而言，可以包括以下四个方面：

（1）与产品、服务相比，客户需求才是更为重要的东西。在提供产品或服务时，应该弄清楚客户的真实需求，成功的市场营销源于企业对客户的深入研究，企业要确切地掌握客户对产品和服务的真正需求。

（2）不同的客户有不同的需求。对于任何一种产品，都不存在唯一的市场，所有的市场都是由不同的小市场组成的，每个小市场又都有不同的需求。通过对市场进行有效的细分，可以让企业明确其产品或服务的市场，并选定目标群体。一般而言，物流系统进行市

① 李超锋，缪兴锋，刘钧炎，等．物流系统规划与设计[M]．武汉：华中科技大学出版社．2012.

场细分的基础便是认清客户的真实需求。

(3) 只有从客户角度来考虑产品、服务的定位和可得性才有意义。产品和服务的可得性是企业成功营销的保障，企业客户服务的运作，要从客户角度考虑，与客户保持紧密的联系，企业才能从交易中获利。

(4) 对企业而言，盈利水平比销售量更为重要。企业最终的目的是盈利并不是销售额，利润是衡量一个企业成功与否的一个重要方面，因此，企业客户服务的运作，应该从盈利的角度来考虑是否可行。

二、客户服务的功能要素

（一） 客户服务的要素

不同的企业对客户服务有不同的看法。专门研究客户服务的管理大师莱隆德和岑斯尔提出，客户服务的构成要素可以以买方和卖方发生交易的时间为参照，分为交易前要素、交易中要素和交易后要素三类。如图 3-2 所示。

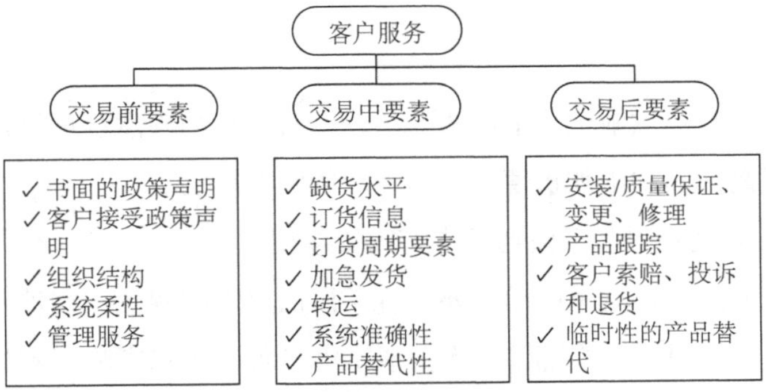

图 3-2　客户服务构成要素

1. 交易前要素

交易前要素主要是为开展良好的客户服务创造适宜的环境，倾向于非日常性且与政策相关的内容。这部分要素直接影响客户对企业及产品或服务的初始印象，为物流企业稳定持久地开展客户服务活动打下良好的基础。尽管这些要素没有明确地涉及物流系统，但是它们对产品的销售具有十分重大的影响。交易前要素主要包括：书面的政策声明、客户接受政策声明、组织结构、系统柔性、管理服务等。

2. 交易中要素

交易中要素主要是指直接发生在物流过程中的客户服务活动，与客户服务相关的活动，表现为作业表现和可得性。交易中要素主要包括：缺货水平、订货信息、订货周期要素、加急发货、转运、系统准确性、产品替代性等。客户服务的交易中要素作用最明显，对产品销售具有直接的作用。

3. 交易后要素

交易后要素即售后服务，是企业对客户在收到产品或服务之后继续提供的支持，这类要素曾经是物流客户服务中非常重要却也最容易被忽略的部分。交易后要素主要内容有：安装/质量保证、变更、修理；产品跟踪；客户索赔、投诉和退货；临时性的产品替代等。

（二）客户服务的作用

1. 提高销售收入

客户服务通常是物流企业的重要因素，它直接关系到物流企业的市场营销。通过物流活动提供时间与空间效用来满足客户需求，是物流企业功能的产出或最终产品创造超越单个企业的供应链价值。

2. 提高客户满意度

物流的客户服务是提供附加价值的重要活动，对客户的满意程度会产生重要影响。良好的客户服务会提高产品的附加价值，提高客户的满意程度。

3. 客户服务方式选择对降低流通成本有重要作用

低成本战略历来是企业竞争中的主要内容，而低成本的实现往往涉及商品生产、流通的全过程，除了生产原材料、零部件、人力成本等各种有形的影响因素外，物流客户服务方式等软性要素的选择对成本也具有相当大的影响力。

4. 创造超越单个企业的供应链价值

一方面，物流服务作为一种特有的服务方式，以商品为媒介，将供应商、厂商、批发商及零售商有机地组成一个从生产到消费的全过程流动体系，推动了商品的顺利流动；另一方面，物流服务通过自身特有的系统设施不断将商品销售、库存等重要信息反馈给流通渠道中的企业，并通过不断调整经营资源，使整个流通过程协调地应对市场变化，进而创造出一种超越流通渠道内单个企业的供应链价值。

5. 留住客户

客户是企业利润的源泉，不仅要开发新客户，还要留住老客户。

（三）客户服务的基本能力

客户服务是衡量物流系统为某种商品或服务创造时间和空间效用的好坏尺度，这包括从接受客户订单开始到商品送到客户手中为止而发生的所有服务活动。要理解物流客户服务的基本服务能力，可以从以下三个方面着手：

1. 可得性

可得性是指物流企业拥有的满足客户需求的库存能力。可得性可以通过各种方式实现，最普通的做法就是按预期的客户订货进行存货储备，于是，仓库的数目、地点和储存政策等便成了物流系统设计的基本问题之一。

对特定产品的储备计划要结合其是否畅销及对整个物流运作的重要性、收益率和商品本身的价值因素，而不是仅仅关心其可得性的大小。存货一般分为两类：一类是取决于需求预测，用于支持基本可得性的基本储备；第二类是满足超过预测数需求量，应用于作业变化的安全储备。

反映一个厂商满足特定客户对存货需求的能力，可以通过缺货频率，供应比率和订货完成率三个指标进行衡量。

（1）缺货频率。

缺货频率（stock out frequency）是指企业发生缺货的频率。换句话说，该衡量方法用于表示一种产品能否按需要装运交付给客户。当需求超过产品可得性时就会发生缺货。

缺货频率可用于衡量一种特定的产品需求超过其可得性的次数。将全部商品发生的缺货次数加总，就能得到一个物流企业实现其基本服务承诺的状况。

物流企业应尽力维持低的缺货频率，一旦发生缺货，要为客户提供合适的替代产品，或从其他地方调运，或向客户承诺一旦有货立即安排运送，目的在于保证企业形象、留住企业客户。

（2）供应比率。

指衡量缺货的程度或影响大小。其计算方法如下：

$$供应比例 = \frac{某产品可得数量}{客户订货数量} \times 100\%$$

要判断缺货是否影响到物流客户服务绩效，首先要弄清楚客户的真实需求，对于物流企业而言，确认该商品是否缺货及缺货的数量。衡量缺货程度可以表现在企业对物流客户需求跟踪记录上。

供应比率是按不同商品的重要程度不同而有所区别的。对于移动速度快的商品，1%的缺货都会使客户产生严重的不满。然而移动速度相对较慢的货物，5%的缺货，客户也能够接受，客户也许会同意延期交货，甚至愿意对短缺的产品重新订货。因此，物流企业应该对重要产品加以识别，并在客户需求的基础上，提高供应比率。

物流企业可以利用供应比率战略来提升本企业的竞争力水平，缺货频率和供应比率都取决于客户的订货时间。如果企业为小批量存货频繁安排补充订货，缺货频率可能会提高，因为每次补充订货都有相等的递送延迟机会。缺货频率和供应比率，与订货数量之间呈负相关性。

（3）订货完成率。

衡量厂商完成一个客户所预订的全部存货时间的指标。订货完成率把存货的充分可得性看成是一种可接受的完成标准，假如其他各方面的完成为零缺陷，则订货完成率就为客户享受完善订货的服务提供了潜在的时间。

2. 作业完成

作业衡量可以通过速度、一致性、灵活性、故障与恢复等方面来具体说明所期望的完成周期。分析综合物流的最基本单位是完成周期，物流企业应该把完成周期看成是一种作业的使命，以及所提供服务的客户类型与随时间所经历的作业变化程度等。

（1）速度。

完成周期的速度是指从一开始订货起至货物装运实际抵达时止的这段时间。

根据物流系统设计完成周期所需时间的不同，即使在今天高水平的通信技术和运输技术条件下，订货周期也会有很大的不同，订货周期可以是几个小时，也可以长达几个星期。如何确定完成周期的时间往往与存货需求有着直接关系。通常的规律是计划完成速度和客户所需存货投资水平成反向变化。

对供应商的递送委托更具代表性的业务安排，是建立在客户各种期望基础上的完成周期的速度。在某些紧急情况下，供应商会通过当地仓库进行特别递送。这种业务关系通常是按照客户的具体要求，围绕着能促进物流作业效率所期望的完成周期形成的。换句话说，并不是所有的客户都需要或希望最大限度地加速，因为这种超速的物流服务一般情况下会提高物流服务的价格。完成周期时间与客户存货投资之间的这种关系居于以时间为基础的物流安排之首。

（2）一致性。

虽然服务速度至关重要，但大多数物流企业更强调一致性。一致性是指厂商在众多的完成周期中按时递送的能力。

一致性问题是物流服务的最基本问题。不能把一致性直接解释为客户额外需要的完全储备，以防有可能发生的递送延迟。可得性与一旦需要就可以进行产品装运的存货有关，完成周期的速度则与持续地按时递送特定订货所必需的作业能力有关。所谓的一致性，是指必须随时按照递送承诺加以履行的处理能力。

（3）灵活性。

作业的灵活性是指处理异常的客户服务需求的能力，厂商的物流服务能力直接关系到在突发的情况下，如何妥善处理问题。需要厂商灵活作业的典型事件有：① 修改基本服务安排；② 支持独特的营销方案；③ 新产品引入；④ 产品逐步停产；⑤ 供给中断；⑥ 产品回收；⑦ 特殊市场的定制或客户的服务层次；⑧ 在物流系统中履行产品的修订或定制，诸如定价、组合和包装。

在许多情况下物流服务的优势在于灵活的能力之中。一般说来，厂商的整体物流服务能力取决于在适当满足关键客户的需求时所拥有的弹性能力。

（4）故障与恢复。

不管厂商的物流作业多完善，故障总是会发生的，在发生故障的作业条件下继续实现业务需求是十分困难的。故障是指可能发生的物流表现的失败，如产品损坏、分类不正确、货运单证不精确等。当这类故障发生时，企业的表现可以从需要多少时间恢复来考察。企业要有能力预测服务过程中可能发生的故障或服务中断，并有适当的应急计划来完成恢复任务。通过预防或调整特殊情况的方案，以防止故障发生。当实际的服务故障发生时，客户服务方案中的应急计划还应包括对客户期望恢复的确认以及衡量服务一致性的方法。

3. 可靠性

物流服务的可靠性对物流服务质量而言十分重要。物流活动中最基本的问题就是如何实现已计划的存货可得性及作业完成能力。

除了服务标准外，质量上的一致性涉及能否并乐意迅速提供有关物流作业和客户订货状况的精确信息。事实证明，有关订货内容和时间的事前信息与完美订货的履行相比更加重要。厂商有无提供精确信息的能力是衡量其客户服务能力最重要的一个方面。

除了服务可靠性，服务质量的一个重要组成部分是持续改善。类似于厂商内部的其他经理人员一样，物流经理关心如何尽可能少地发生故障以完成作业目标，而完成作业目标的一个重要方法就是从故障中吸取教训，改善作业系统，以防再发生故障。

第二节 客户服务系统的建立方法

客户服务系统的建立首先要了解客户需求，对客户细分，不同类型的客户确定相应的客户服务水平，如订货周期、运输方式、运输特殊要求、库存水平等。同时，根据企业自身的服务能力和市场变化不断优化客户服务系统。

企业在制订客户服务战略时应当以客户的真实需求为基础并支持整个市场营销战略。企业制造出优秀的产品，制定了有竞争力的价格，并做了充分的促销工作，但如果因为产品未能及时运送到位，客户在零售商的货架上找不到它，则一切都是徒劳的。在注重客户服务的同时，还要兼顾节省费用，保证企业的赢利能力。

确定客户服务水平的一个流行方法是将竞争对手的服务水平作为标杆。但是仅仅参照竞争对手的水平是不够的，因为很难判断对方是否很好地把握了客户的需求并集中力量于正确的客户服务要素。这种不足可以通过结合详尽的客户调查来弥补，后者能够揭示各种客户服务要素的重要性，有助于消除客户需求与企业运营状况之间的差距。

确定客户服务战略有多种方法，以下四种最具参考价值：（1）与企业战略相匹配；（2）成本-收益权衡；（3）ABC 分类法；（4）客户服务监控。

一、与企业战略相匹配

著名战略学家迈克尔·波特[①]认为“每一个企业都是在设计、生产、销售、发送和辅助其产品的过程中进行种种活动的集合体，所有的这些活动可以用一个价值链来表明。”而物流系统战略应该与企业的总体战略相一致。如图 3-3 所示。

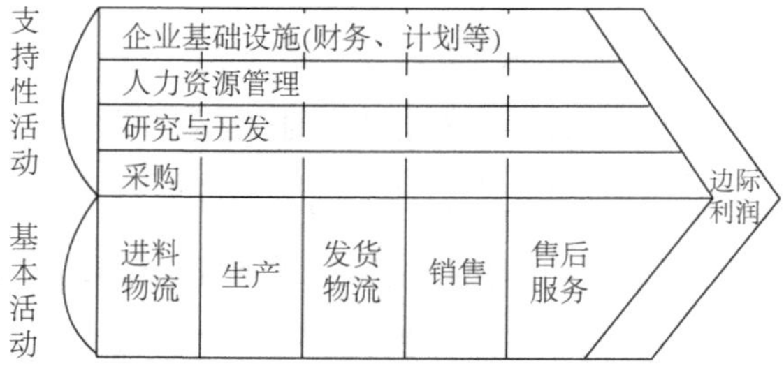

图 3-3　波特的价值链分析法

把企业内外价值增加的活动分为基本活动和支持性活动两种。基本活动涉及企业生产、销售、进料后勤、售后服务等；支持性活动涉及人事、财务、计划、研究开发、采购等。基本活动和支持性活动共同构成了企业的价值链。

为了完成企业的整体竞争战略，上述职能都会发挥作用，且每种职能都需要制定自身

① 迈克尔·波特（Michael E. Porter，1947—），哈佛大学商学院著名教授，当今世界上少数的最有影响的管理学家之一。他是当今全球战略管理的第一权威，也是商业界公认的“竞争战略之父”。

的战略以保证整体战略的实现。物流系统战略即确定原材料的获取和运输，产品的制造或服务的提供，以及产品配送和售后服务的方式和特点。其客户服务系统即是在满足企业竞争战略基础上的物流服务水平的确定。因此，物流系统的客户服务系统需要与企业的竞争战略目标相一致。一般可以通过三个步骤来制定客户服务系统。

（一）理解客户需求

在物流系统中进行客户细分是保证市场营销成功的基础。因此，在确定其客户服务系统时，首先应确定整个供应链上的客户及其需求。

客户的需求通常可以用包装的容量、所期望的订货、所需产品的种类、要求的服务水平、产品的价格等加以描述。

客户的需求不同，在对待可得性的反应上也不相同（商店缺货时客户的反应）。如图3-4所示。

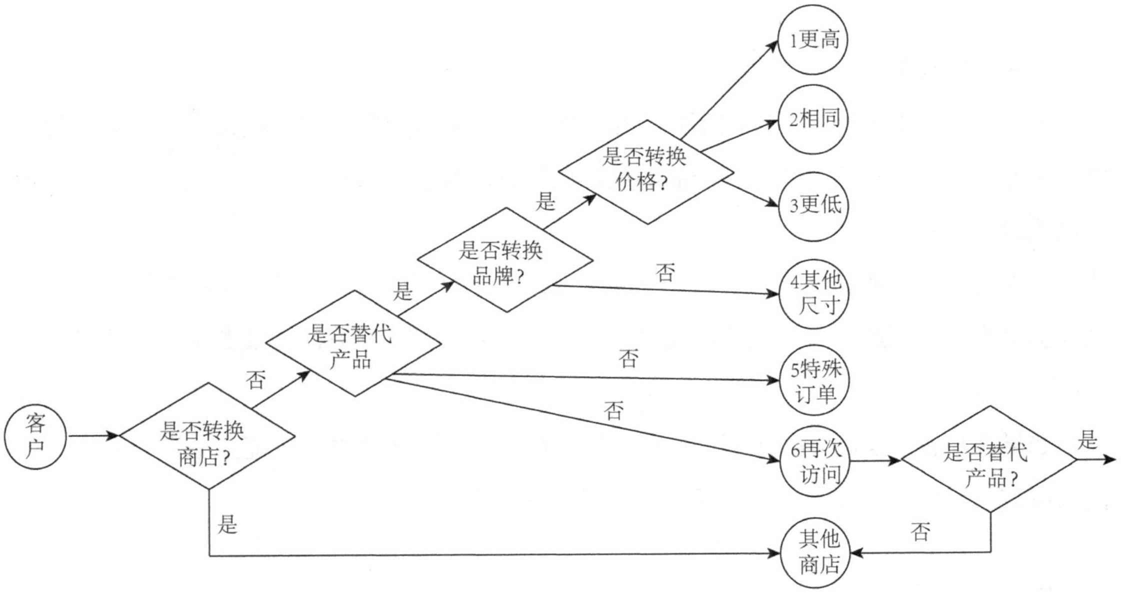

图 3-4 客户对可得性的反应模型

（二）确定客户服务系统类型

在了解客户之后，就需要回答什么样的物流系统才能满足企业或客户的需求。对于物流系统的客户服务系统可以从总体上将其分为两类：反应能力型和降低成本型。

物流系统的反应能力可以用以下指标来描述：（1）对大幅度变动的需求量的反应；（2）满足较短供货期的要求；（3）提供多品种的产品；（4）生产具有高度创新性的产品；（5）满足特别高的服务水平的要求。

一般来说，物流系统对上述要求的满足能力越强，则其反应能力就越强。当然，要获得反应能力强的物流系统是要付出高成本的。例如，为了提高大幅度变动的需求量的反应能力，就必须提高物流系统的安全库存，这将会导致成本随之增加。如图 3-5 所示。

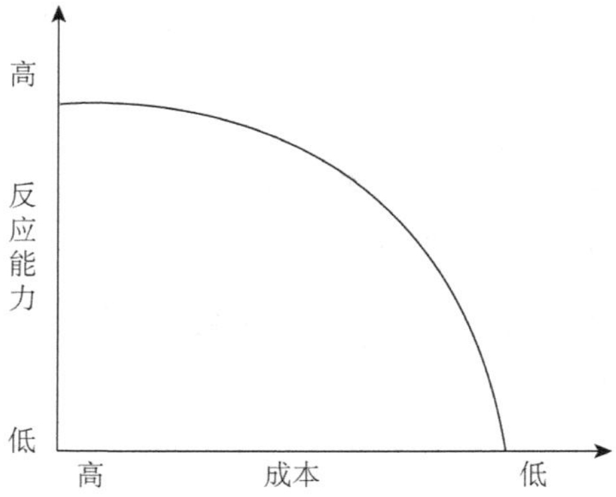

图 3-5　物流系统反应能力与成本的关系图

（三）确定客户服务系统

不同的客户对于缺货的反应不同。对于客户愿意等待或愿意转换购买地点去购买的产品，企业应该在客户最可能购买产品的地点保持较高的服务水平，即客户服务水平在此地点应该以反应能力型为主。

如果客户购买商品是出于节约成本的考虑，则企业可以通过替代产品或高的库存可得性来满足客户。因此，该物流系统应该提供替代产品的库存可得性，或者采用降低成本型的客户服务战略。

如果客户在缺货时才会想到该品牌，则该物流系统需要增强反应能力来保留客户，因此，应该以反应能力作为其物流系统的主要衡量指标。

二、成本-权益衡量

物流系统为实现客户服务目标而支持的成本包括运输成本、仓储成本和管理成本。为了能给企业带来最大的赢利，在确定具体客户服务水平时，必须降低物流成本，以最低的物流成本实现其客户服务目标。因此，确定客户服务水平时应满足以下两个条件：

（1）最大化，即保证企业赢利水平；

（2）约束条件，即满足客户服务水平指标。

企业通过对不同客户服务水平所付出的成本及由此带来的收益进行分析，进而能够确定赢利水平最优的客户服务水平。

三、ABC 分类法

ABC 分类法又称为帕累托分析法，即通常所说的“80/20”规则。它是根据事物在技术或经济方面的主要特征，进行分类排队，分清重点和一般，从而有区别地确定管理方式的一种分析方法。由于它将被分析的对象分成 A、B、C 三类，所以又称 ABC 分析法。

在 ABC 分类法中，将累计品目百分数为 5%～15%，而平均资金占用额累计百分数为 60%～80%的前几种物品，确定为 A 类；将累计品目百分数为 20%～30%，而平均资金占用额也为 20%～30%的物品，确定为 B 类；其余为 C 类，C 类情况正好和 A 类相反，其累计品目百分数为 60%～80%，而平均资金占用额仅为 5%～15%。

在制订客户服务政策时，可以根据以上原则对客户、产品或事件进行 ABC 分类，并在此基础上，确定产品、客户或事件的优先级，如表 3-1 所示。

表 3-1　客户-产品贡献矩阵

客户类型	产品类别		
	A	B	C
A	1	2	6
B	3	4	7
C	5	8	9

确定了优先级后，企业可根据自身的情况及实力对不同优先级的客户实行不同的客户服务政策。表 3-2 是某物流企业的客户服务水平的示例。

表 3-2　某企业客户-产品服务政策

优先级范围	在库标准	交付标准	订单完整性标准
1～3	100%	24 h	99%
4～6	95%	72 h	95%
7～9	90%	96 h	90%

此外，利用 ABC 分类法还可以对产品或客户的营利性进行分类，进而淘汰一些营利性差或者没有营利的产品或客户。

四、客户服务监控

客户服务监控是用来评价一个公司提供的客户服务水平以及及时调整客户服务水平的

工具，主要包括客户服务的重要因素、绩效控制的方式和信息系统的效率。监控的目标是：（1）识别关键的客户服务因素；（2）识别这些要素的控制机制；（3）评估内部信息系统的质量和能力。

客户服务监控主要包括以下四个阶段。

（一）外部客户服务监控

外部客户服务监控是整个客户服务监控的起点，是制定完整客户服务政策的基础，一般通过调查问卷的形式来获得所需的信息。监控对象包括客户以及竞争者。其主要目标是识别重要的客户服务因素，确定客户对市场中主要供应商所提供服务的评价。

1. 确定客户真正重视的客户服务因素

外部客户服务监控的主要工作是对客户进行调查与访谈。在外部客户服务监控阶段，有必要邀请市场部门的人员参与工作，这有三个方面的益处：

（1）客户服务从属于整个市场组合，而市场部门在市场组合的费用预算决策中是最有权威和发言权的部门；

（2）市场营销部门的研究人员是调查问卷设计和分析的专业人员，而问卷工作是外部客户服务监控的重要一环；

（3）可以提高调查结果的可信度，从而有利于客户服务战略的成功实施。

2. 对有代表性和统计有效的客户群体进行问卷调查

问卷调查可以确定客户服务因素及其他市场组合因素的相对重要性，评估客户对本企业主要竞争对手各方面服务绩效的满意程度及客户的购买倾向。根据调查的结果，企业必须加强客户重视的服务因素，在考虑竞争对手的强势和不足的同时，发展对应于客户分类的战略。此外，问卷还能反映出客户对关键服务因素的服务水平的期望值。

问卷调查的结果能帮助管理层发现潜在的问题和市场机会。对大多数行业来说，下面这些服务因素都是最为重要的：按承诺日期送货的能力、按订单完备送货率、对送货延迟的提前通知、稳定的提前期（订货周期的稳定性）、送货信息、产品的质量价格比、有竞争力的价格、促销活动等。

企业在把握各服务因素重要性的同时，也要关注客户对本企业及竞争对手提供的各项服务的横向比较。企业和客户对服务有各自的评价标准。但在市场竞争中，只有客户是永远正确的。有时候客户尚未认识到企业某方面服务的能力，企业就有必要通过与客户的交流来引导和告知客户。

（二）内部客户服务监控

内部客户服务的监控对象是指企业现行的客户服务政策，为评估客户服务水平发生变化所产生的影响确立一个衡量标尺，监控目的在于识别企业管理与客户期望之间的差距。为此，内部客户服务监督检查的项目应包括下列几项：

（1）目前公司内部是如何评估客户服务的；

（2）评价指标有哪些；

（3）绩效标准或目标是什么；

（4）目前达到了什么水平；

（5）这些指标数据如何得到；

（6）企业的职能部门如何看待客户服务；

（7）在信息和控制方面，这些职能部门之间的关系是什么。

（三）识别潜在解决方案

外部监控可以使管理者找出公司客户服务与企业战略之间存在的问题。外部监控与内部监控结合起来使用，有助于企业根据细分市场调整客户服务战略，从而提高企业的盈利水平。如果企业希望利用此工具（客户服务监控）来开发最优盈利的客户服务和企业战略，就需要利用这些数据与竞争对手进行基准比较。在识别潜在解决方案中，可以利用客户服务相对绩效矩阵、绩效评估矩阵以及两个矩阵相结合来识别潜在解决方案。具体如表3-3、图3-6、图3-7、图3-8所示。

表3-3 部分客户的重要性和绩效评估值

编号	属性	重要性	绩效评估		
			A公司	B公司	相对绩效
1	履行订单的准确性	6.42	5.54	5.65	-0.11
2	以快速反应的方式加快加急订单的能力	6.25	4.98	5.23	-0.25
3	对投诉（如订单服务、发货）采取的行动	6.07	4.82	5.18	-0.36
4	供应商预测和执行定制产品的发货日期准确性	5.92	4.53	4.73	-0.2
5	完整率（最终发货的订单比例）	5.69	5.29	5.27	+0.02
6	快速调整开票和发货差错	5.34	4.64	4.9	-0.24
7	一揽子订单的可获得性	4.55	5.03	4.15	+0.88
8	交付的频率	4.29	5.07	5.03	+0.04
9	订单处理人员分布在你所在的市场区域	3.58	5.33	5.21	+0.12
10	计算机对订单的输入	2.3	4.07	3.53	+0.54

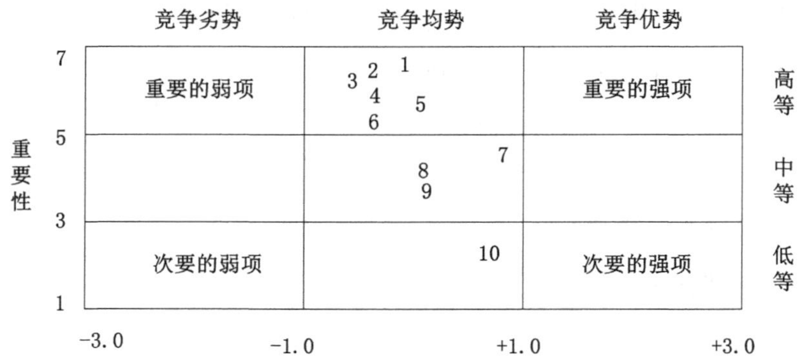

图 3-6　A 公司与 B 公司的相对绩效矩阵

从 A 公司与 B 公司的相对绩效矩阵中可以看出，竞争均势一栏上单元格表明只要具有经济可行性，就应该改善 1、2、3、4、6 和 5 的绩效，以便与竞争对手产生差异，称为该公司的竞争优势。

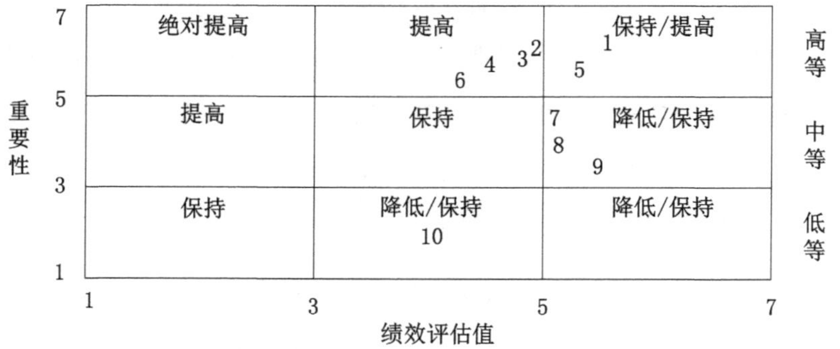

图 3-7　A 公司的绩效评估矩阵

从 A 公司的绩效评估矩阵可以看出，在客户评价重要性最高的 6 个变量中，A 公司有 4 个方面没有满足客户的期望，在几个最不重要的变量方面则超出了客户的期望。因此，A 公司应该把其资源投入在客户认为重要的服务属性上，也就是说 A 公司对客户服务水平还有待改进。

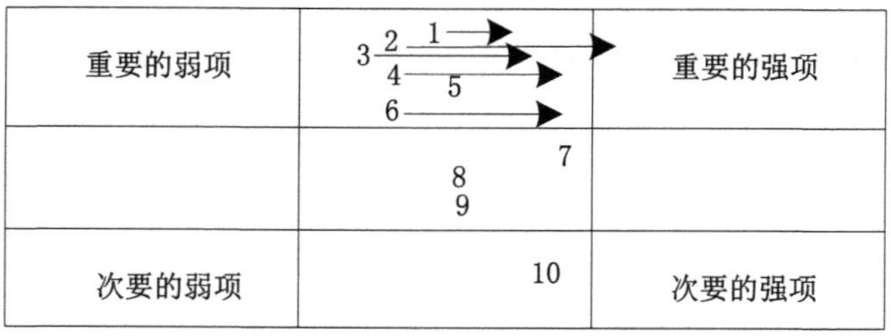

图 3-8　识别潜在方案矩阵

在企业使用客户服务监控方法对其客户服务水平进行改善时，需要充分考虑企业本身的客户服务政策及所涉及的成本。

（四）确定客户服务水平

客户服务监控的最后一步工作是制订服务业绩标准和考核方法。管理层必须为各个细分领域（如不同客户类型、不同的地理区域、不同的分销渠道和产品）详细确定目标服务水平，并将之切实传达到所有的相关部门与员工，同时辅之以必要的激励政策以激励员工努力实现企业的客户服务目标。

管理层必须定期按上述步骤进行客户服务监控，以确保企业的客户服务政策与运作满足当前客户的需求。收集客户信息是企业战略管理最重要的基石。

第三节 客户服务政策的种类

一、客户服务政策的种类

客户服务政策是物流系统与客户之间的一种协议，它明确指出了物流系统的服务目标和方向。客户服务政策为每一步物流操作如库存控制、运输、仓储等都规定了相应的服务目标。

客户服务政策反映了一个公司的企业文化和物流系统的成熟程度，一般可以分为以下几类。

（一）特例

没有客户服务政策。例如，可以满足任何客户提出的任何要求。

（二）没有定量指标

没办法对客户服务政策进行考核，实质上等于没有客户服务政策。我们会尽量为客户做得更好，我们会彻底为客户服务。一切为了客户，客户的满意度至上等。

（三）没有客户细分

有详细的量化指标的客户服务政策，却没有针对性。比如，我们的服务是使任何客户都能100%得到满足。一般来说，企业的客户对利润的贡献不同，对企业的服务水平要求也不相同，企业只有区别对待才能获得更大的盈利。

（四）成熟的客户服务政策

针对不同的客户和产品类型，有详细的量化指标。主要包括为针对不同的客户和产品分别制定服务政策；为每一项服务要素建立量化的绩效指标；为每一项服务要素评价实际的绩效水平；分析实际服务水平与标准水平之间的差异；根据需要采取纠正措施。客户服务政策模板如表 3-4 所示。

表 3-4　客户服务政策模板

服务区域	客户-产品类型	订单满足率	反应时间	退货政策	增值服务	最小订单量	合并送货
Ⅰ	A-A	99%	24	100%	定制	无	定制
Ⅱ	A-B	95%	24	100%	定制	无	定制
Ⅲ	A-C	85%	48	100%	定制	无	定制
Ⅳ	B-A	97%	24	50%	有限	1000+	部分
Ⅴ	B-B	90%	48	50%	有限	500+	部分
Ⅵ	B-C	80%	72	0%	无	100+	部分
Ⅶ	C-A	90%	48	50%	无	5000+	部分
Ⅷ	C-B	75%	72	0%	无	1000+	部分
Ⅸ	C-C	50%	96	0%	无	500+	部分

第四节　订单处理系统

信息时代对企业提出了更高的时间要求标准，越来越多的企业将信息技术作为获得竞争优势的主要手段。通过对信息技术的集成达到缩短订单周期时间、加速反应能力和降低供给链库存的目的。物流系统的一切活动都是从客户订单开始的，因此，订单处理系统是物流系统的神经枢纽中心。信息流的速度和质量对整个运作过程的成本与效率具有直接的影响作用。

一、客户订货周期

客户订货周期从客户下订单开始，到客户收到产品并将产品入库为止。主要由订单准备、订单生成、订单处理、仓库分拣和包装、订单运送与跟踪这几个主要的活动构成。如

图 3-9 所示。

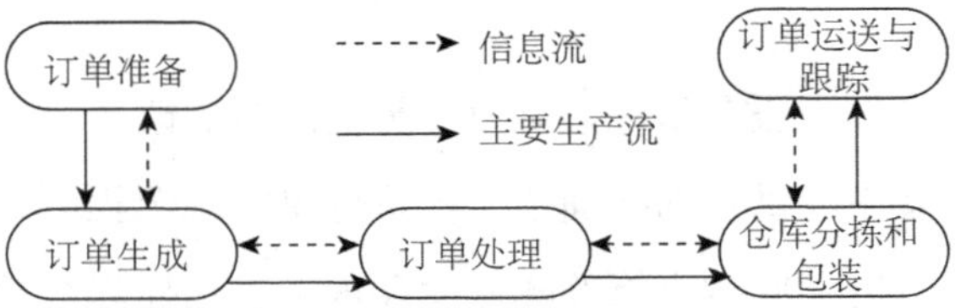

图 3-9 客户订货周期的构成

二、订单生成

订单的准备和生成是获得客户的需求，并将其输入到公司内部系统中处理的活动。订单生成的主要原则是尽可能做到使客户满意。如图 3-10 所示。

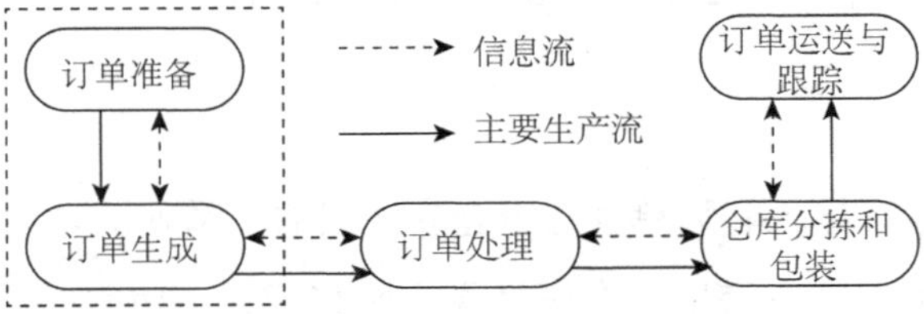

图 3-10 客户订货周期的构成

（一）订单准备

订单准备是指收集所需产品或服务的必要信息和正式提出购买要求的各项活动。

（二）订单生成

订单生成是指涉及订货请求从发出地点到录入地点的传输过程。

订单准备和生成的方式通常有以下几种：

（1）手工填写订单：客户手工填写订单并交给销售人员或邮寄，销售人员在得到订单后将其记录或录入到企业的管理信息系统；

（2）电话订购，手工记录：客户通过电话方式将订货信息传递给企业客户服务代表，客户服务代表将订货信息详细记录下来，然后再经过处理反馈到企业的管理信息系统中；

（3）电话订购，自动记录：客户服务代表可以从企业的订单处理系统的汇总中获知客户的具体信息以及产品的库存信息。如果库存不足，则询问客户是否需要替代品或者通知客户有关到货信息，也可以及时安排生产信息；

（4）电子化方式：客户的订单信息通过电子的形式直接传递到企业的订单处理系统中，客户输入的终端可以是计算机或手机。

三、订单处理流程

订单处理是实现企业客户服务目标最重要的影响因素。改善订单处理过程，缩短订单处理周期，提高订单满足率和供货的准确率，提供订单处理全程跟踪信息，可以大大提高客户服务水平与客户满意度，同时也能够降低库存水平，在提高客户服务水平的同时降低物流总成本。如图 3-11 所示。

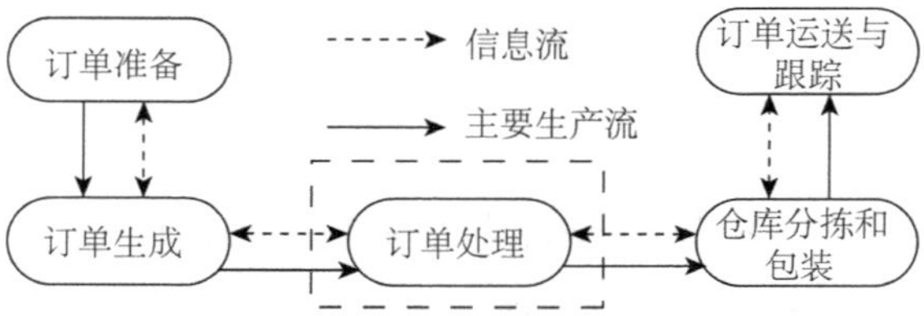

图 3-11　客户订货周期的构成

（一）订单处理

订单处理是指发生在输入和订单发送至仓库之间的一系列活动。订单处理包括核对订货信息、检查库存、检查客户信用、将信息录入销售记录、将订单传至存货或送货部门、准备装运单据、必要时转录订单信息和开具账单。

企业接到订单后，首先会对库存进行查询，询问所需产品是否有达到订货数量的库存，还要对客户的过去支付记录进行查询来确定客户的信用。如果产品没有库存则要确定是否要安排生产。随着订单的确定，库存文件要做相应的变动以防止产品的重复销售。管理层也可根据相关信息进行销售量预测或其他决策的输入。下一步订单处理系统提供会计开具发票的信息、确认向客户发送的订单、仓库提货产品的分拣与包装指令、运输文件。如图 3-12 所示。

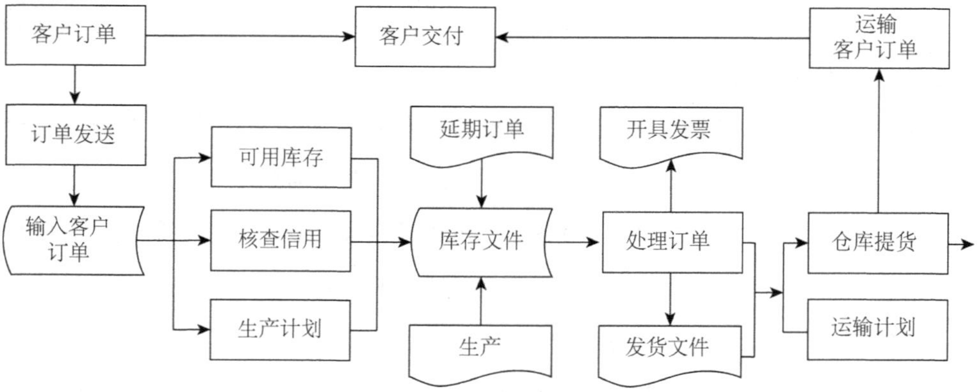

图 3-12　客户订单处理流程

四、运送与跟踪

为了进一步优化订单管理全流程，监控物资供应的全流程，提高到货及时率，明确订单管理作业的具体内容，提高工作效率，需要进行订单运送与跟踪。如图 3-13 所示。

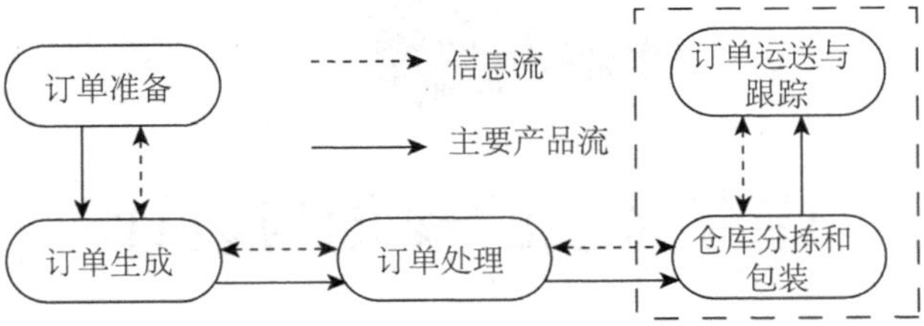

图 3-13　客户订单处理流程

（一）仓库分拣和包装

在确认订单后，仓库开始进行分拣与包装作业。此作业要严格按照订单的信息来完成。通过电子化数据的传递可以大大提高分拣与包装作业的速度和准确性。当产品进入运输阶段时，则需要确定相应的运输计划，为订单安排最佳的运送和拣货批次。

仓库分拣和包装是指通过提取存货、生产或采购员购进客户所订购的货物，对货物进行运输包装。

（二）订单运送与跟踪

订单运送是指订单的运输，包括从货物放在运输工具上开始到收到货物并卸载到客户所在地为止。

订单的跟踪是通过不断向客户报告订单处理过程中或货物交付过程中的任何延迟，确保优质的客户服务，具体包括在整个订单周转过程中跟踪订单、与客户交换订单处理进度、订单货物交付时间等方面的信息。

第四章

库存系统的规划与设计

库存系统是一个企业、单位用于决策和管理的数据库系统，库存系统可广泛适用于批发、零售、生产的商业企业、商店、门市、仓库等，对商品的进货、销售、库存，财务的收付款进行一体化管理。一个良好的库存系统可以帮助企业降低人工成本，减少死库存，提高透明度，改善供应商对接等，因此设计一个库存系统对于整个企业的“健康发展”起着十分重要的地位。

第一节　库存与库存管理

一、库存存在的原因

（一）什么是库存

库存，是仓库中实际储存的货物。可以分两类：一类是生产库存，即直接消耗物资的基层企业、事业的库存物资，它是为了保证企业、事业单位所消耗的物资能够不间断地供应而储存的；一类是流通库存，即生产企业的原材料或成品库存，生产主管部门的库存和各级物资主管部门的库存。此外，还有特殊形式的国家储备物资，它们主要是为了保证及时、齐备地将物资供应或销售给基层企业、事业单位的供销库存。

（二）库存产生的原因

1. 仓库管理制度不完善

很多企业在仓库管理这一方面不够重视，所以并没有制定完善的仓库管理体制，对仓库管理不能形成较好的标准，随意性较大。使得仓库计划性不强，无法保证畅通的物资入库出库。并且，不完善的仓库管理制度，使得仓库管理人员在对仓库物资进行盘查的过程中遇到很大的问题，造成很多库存与单据数据不相符等现象。

2. 物资储备不够合理

仓库的物资存放布局不合理，堆放凌乱，缺乏一套科学的指导方法。在仓储的日常管理活动中也缺乏有效合理的规划，物品摆放随机，查找起来不易。物资采购不够合理，采购计划管理准确性、预见性不强，导致仓库很多物品积压，造成资金浪费。

3. 员工业务水平不高

部分企业在招聘时，未对员工全方位考察，导致在实际工作中有部分员工实际工作能力有所欠缺，对现代库存管理设备操作不当，另有一小部分员工职业道德有所缺乏，对物资管理不按规则进行，甚至有监守自盗的事件发生。

4. 非正常存货储备量挤压了正常的存货储备量

某些管理者对于产品的预测不准确，导致呆滞料不及时处理。库存周转率极低，使仓库库存数据更加混乱。信息闭塞，流通缓慢也会导致货物积压，占用企业大量的资金，大大增加成本，挤压正常的存货备量导致正常物品无法进行储备。

5. 存货的收入、发出、结存缺乏真实记录

（1）入库不及时，造成车间已领用货品中有部分因无手续未办理入库，财务账面显示结存为负数或账实核对不符。

（2）欠条现象，生产部分、仓库互打欠条，且欠条清理不及时，造成财务入账不及时、账实不符。

（3）领用部分物资，不走手续，财务无法入账，造成财务核算不准确、账实不符。

二、库存的种类

1. 周期库存

周期库存是整个生产过程中产生的、在进货时间间隔中为保证生产连续性而保持的库存。它是由批量订货或批量生产引起的，因为批量订货或批量生产要引起固定成本，所以每次订货或生产必须达到一定数量才能补货，结果是超过当前的需求量而产生了周期性的

库存。

2. 在途库存

在途库存又称中转库存，指尚未到达目的地，正处于运输状态或等待运输状态而储备在运输工具中的库存。在途库存的大小取决于需求和生产——配送周期。

3. 安全库存

安全库存是指为预备未来物资供应或需求等不确定因素（订货期间需求增长、到货延期等）导致更高的预期需求或导致完成周期更长时的缓冲存货，安全库存用于满足提前期需求。在给定安全库存的条件下，平均存货可用订货批量的一半和安全库存来描述。

4. 投机库存

投机性库存又称屏障库存，是指为了避免因物价上涨造成的损失或者为了从商品价格上涨中获利而建立的库存，具有投机性质。如一些矿产品或农牧产品等。

5. 闲置库存

闲置库存是指这样一组物品，它们在某些具体的时期内不存在需求。这种库存可能在整个公司中或者在库存存储的地方已不再使用了。这种类型的库存是最浪费成本的。

三、库存管理的目标

库存控制的基本目的就是在保证及时交货的前提下，尽可能地降低库存，减少成本（库存持有成本、预期缺货成本和在途库存成本等）从而以最少的库存资金支撑尽可能大的出货，库存控制的过程实践上就是一个需求与供给链的管理过程，也是一个企业的ERP、组织构造与流程不时优化的过程。

库存控制的目的就是在满足客户服务水平下尽可能地预防、消化物料短缺，特别是无方案的物料短缺，经过优化、均衡库存构造，最终到达库存降低、及时出货的目的。

第二节 物流需求预测

一、物流需求概述

1. 物流需求的定义

是指一定时期内社会经济活动对生产、流通、消费领域的原材料、成品、半成品、商品以及废旧物品、废旧材料等的配置作用而产生的对物流在空间、时间和费用方面的要求。涉及运输、库存、包装、装卸搬运、流通加工以及与之相关的信息需求等物流活动的诸方面。

2. 物流需求的特征

(1) 派生性

派生性是物流需求一个最重要的特性。在社会经济活动中，如果某种商品或劳务的需求由另一种或几种商品或劳务需求派生出来的，则称该商品或劳务的需求为派生性需求。把引起派生需求的商品或劳务需求称为本源性需求。人们日常生活中的衣服、食物、住房等是一种本源性需求，而物流需求绝大多数情形下是一种派生性需求。

(2) 广泛性

物流需求具有广泛性。人类克服时间和空间的障碍是一项每时每刻、无处不在的经常性活动，而这种活动是以人员、物资、资金、信息等交流为标志的，由此形成了物流普遍存在的客观基础，国民经济物流包括在全国范围内，跨区域和区域间的多种物流形式。就物资而言，任何一个区域既可以是输出中心，又可以是输入中心。正是由于国民经济各区域间的相互制约、相互作用，使得物流在具有广泛性的同时，又日趋复杂。

(3) 时效性

物流需求是随时间的不同而变化的，这就是物流需求的时效性。在不同的时间段，人们对于物品的需求不同，例如在夏季，人们更希望穿凉快、清爽的衣物，相比于重辣、油腻的食物，也更喜欢清凉、解热的食物，因此，人们对于这些物品的需求较高，但随着时间的变化，秋季和冬季的来临，人们也就会转向高热量、辣的食物，对于清凉的食物，需求就会减少。

(4) 空间、时间特定性

物流需求与特定时间和特定空间密切相关。市场经济条件下，物流呈现一种灵活性和易变性，但在一定时期内，还具备空间特定性，具体表现为在某一空间范围内的特定流向，如煤炭企业的煤从产地向电力企业的所在地流动。而在企业内部，物流空间的特定性就更强了，具体表现为企业内物流发生于企业内部，发生于企业内部各部门、各单位、各工序、各岗位之间，物流活动相对狭小和固定。时间特定性则表现为在一定范围内的定时运输、配送等。

二、物流需求预测概述

（一）物流需求预测的原理

1. 误差原理

计量或测定中的误差是指测定结果与真实结果之间的差值。任何一个物理量进行的测量都不可能得出一个绝对准确的数值，即用测量技术所能达到的最完善的方法，测出的数值也和真实值存在差异，这种测量值和真实值的差异称为误差，由此可知，误差是不可能完全避免的，但我们可以控制误差的大小。可以通过使用精密的仪器进行测量，这样可以尽可能地减少测量过程中由于测量工具导致的误差，还可以通过对测量的数据进行数据处理来减少误差。

关于数据的处理，可以采用平均误差和平均绝对误差为：

$$\text{平均误差：me} = \frac{\sum_{i=1}^{n}(x_i - x)}{n}$$

$$\text{平均绝对误差：mad} = \frac{\sum_{i=1}^{n}|x_i - x|}{n}$$

其中：x_i 是历史各期的实际发生值，x 是预测值，其对应的平均误差率和绝对误差率为：

$$\text{平均误差率：mpe} = \frac{\sum_{i=1}^{n}(x_i - x)/x_i}{n}$$

$$\text{平均绝对误差率：mad} = \frac{\sum_{i=1}^{n}|x_i - x|/x_i}{n}$$

也可以通过预测的方差和标准差来进行误差测量：

$$\text{方差：mse} = \frac{\sum_{i=1}^{n}(x_i - x)^2}{n}$$

$$\text{标准差：sde} = \sqrt{\frac{\sum_{i=1}^{n}(x_i - x)^2}{n}}$$

2. 连贯性原理

从时间上考察事物的发展，其各个阶段具有连续性，也就是说，整个物流需求的发展，不可能独立完成，也不可能对未来不产生影响，所有的发展阶段都是建立在前一阶段的基础上发展而来的。

3. 类推性原理

由于连贯性我们可以知道，每个阶段都是上一个阶段的发展，也是下一个阶段的基础，因此，我们可以根据过程的结构和变化所具有的模式和规律来推测未来发展变化情况。

4. 相关性原理

相关性原理其本质是认为各种事物之间存在着直接或间接的联系，并且相互影响、制约、促进。

（二）物流需求预测的步骤

1. 预测的一般步骤

不管采用何种方法进行预测一般都要遵循同样的 10 个步骤：

（1）确定预测的目的和用途；

（2）选择预测对象，分析决定、影响需求的因素及其重要性；

（3）决定预测的时间跨度——短期、中期还是长期；

（4）选择预测的模型；

（5）收集预测所需的数据；

（6）考虑和设定无法预测的内外因素；

（7）验证预测模型；

（8）判断并做出结论，然后求出需求预测；

（9）将预测结果进行实际应用；

（10）根据实际发生的需求对预测进行监控。

2. 预测应注意的问题

（1）判断在预测中的作用。预测输入的是经验、主观分析等不确定的信息或历史数据提供的过去的信息。同时，影响预测结果的诸因素间也不存在过去、现在和将来都起着同样作用的联系和规律。因此，判断在预测中起着十分重要的作用。

（2）预测精度与成本。在选择预测方法时，要在成本和精度之间权衡。精确的预测方法在实施时的成本一般较高，但它能取得精度较高即与实际需求偏离较小的预测值，从而最终使生产经营成本降低。

应该注意的是：① 不存在百分之百准确的预测方法、因而不要为了预测的绝对准确而白费心机。② 就任何一个预测问题而言，存在精度比较合理的最低费用区间。

（3）预测的时间范围和更新频率。从现在到未来之间的时间就是预测的时间范围。不同的预测方法有不同的时间范围，是预测的时间范围。另外，时间范围越大，预测结果越不准确。

（4）稳定性与响应性。稳定性是指抗随机干扰的能力，反映稳定需求的能力。稳定性好的预测方法有利于消除或减少随机因素的影响，适用于受随机因素影响较大的预测问题。响应性是指能够快速反映需求变化的能力，响应性好的预测方法能及时跟上实际需求的变化，适用于受随机因素影响较小的预测问题。

（5）预测内容

需求预测是有效库存控制系统的关键前提，需求预测水平对库存管理控制的水平至关重要。库存需求有五个方面的因素必须考虑，即数量、时间、频率、范围和可预测性。换句话说，这五方面的因素构建了需求预测的内容，常见的需求预测如下所示：

①物流市场环境预测

在物流市场环境调查的基础上，预测物流企业宏观及微观环境变化趋势，以及这种环境变化对物流产品市场需求的影响。

②物流市场需求预测

在物流市场需求调查的基础上，对某一区域未来一段时间内某类物流服务或全部物流服务的需求规模、需求结构、需求潜力、需求变动影响因素进行预测。

③物流市场供给预测

在物流市场供给调查的基础上，对某一区域未来一段时间内某类物流服务或全部物流服务的供给规模、供给结构、供给潜力、供给变动影响因素进行预测。

④物流市场竞争格局预测

对提供同类物流服务的物流企业的竞争状况进行预测分析，包括对市场占有率、服务质量、成本、价格、品牌知名度和满意度等要素构成的竞争格局及其变化趋势进行分析、评估和预测。

三、物流需求预测方法

（一）定性预测

预测者依靠熟悉业务知识、具有丰富经验和综合分析能力的人员与专家，根据已掌握的历史资料和直观材料，运用个人的经验和分析判断能力，对事物的未来发展做出性质和程度上的判断，再通过一定形式综合各方面的意见，作为预测未来的主要依据，这种方法就是定性预测。定性预测特别适合：（1）对预测对象的数据资料掌握不充分；（2）影响因素复杂，难以用数字描述；（3）对主要影响因素难以进行数量分析。常用的定性预测方法有：德尔菲法、市场调查法、主观概率法等。

1. 德尔菲法

德尔菲法，又称专家调查法。该方法主要是由调查者拟定调查表，按照既定程序，以函件的方式分别向专家组成员进行征询，专家组成员以匿名的方式（函件）提交意见。经过几次反复征询和反馈，专家组成员的意见逐步趋于集中，最后获得具有很高准确率的集体判断结果，如图 4-1 所示。需要注意的是，使用此方法时，必须坚持三条原则：一是匿名原则；而是反馈性原则；三是收敛性原则。

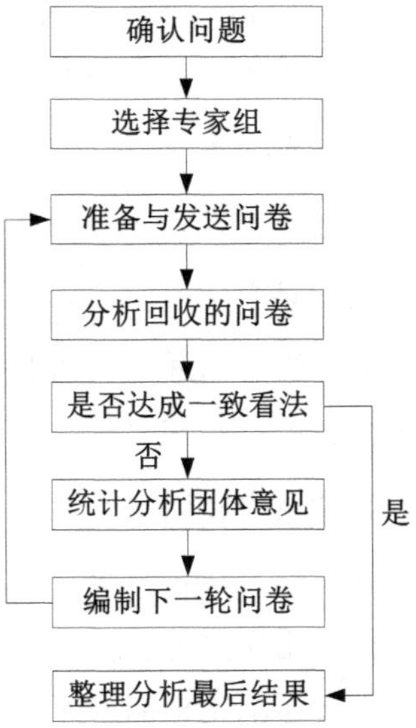

图 4-1　德尔菲法步骤

优点：（1）德尔菲法可以加快预测速度和节约预测费用；（2）德尔菲法可以获得各种不同但有价值的观点和意见；（3）德尔菲法适用于长期预测和对新产品的预测，德尔菲法在历史资料不足或不可测因素较多时尤为适用。

缺点：（1）德尔菲法对于分地区的顾客群或产品的预测可能不可靠；（2）德尔菲法责任比较分散；（3）德尔菲法专家的意见有时可能不完整或不切合实际。

2. 市场调查法

市场调查法是运用科学的方法，有目的地、系统地收集、记录、整理有关物流需求的信息和资料，分析物流需求情况，了解物流需求的现状及其发展趋势，为物流需求的预测和相关物流管理决策提供客观、正确的资料。预测者在深入实际进行市场调查研究，并取得必要的经济信息的基础上，根据自己的经验和专业水平，对市场发展变化前景做出分析判断。常用的市场调查预测法有：（1）经营管理人员意见调查预测法；（2）销售人员意见调查预测法；（3）消费者购买意向调查预测法。

优点：（1）预测来源于顾客期望，较好地反映了市场需求情况；（2）可以了解顾客对产品优缺点的看法，也可以了解顾客不购买这种产品的原因，有利于改进与完善产品、开发新产品和有针对性地开展促销活动。

缺点：（1）很难获得顾客的通力合作；（2）顾客期望不等于实际购买，而且其期望容易发生变化；（3）由于对顾客知之不多，调查时需耗费较多的人力和时间。

3. 主观概率法

主观概率是指在一定条件下，个人对某一事件在未来发生或者不发生可能性的估计，反映个人对未来事件的主观判断和信任程度。而主观概率法是利用主观概率对各种预测意见进行集中整理，得出综合性预测结果的方法。当无法通过试验确定某时间的客观概率，或由于资料不完备无法计算客观概率时，常常采用主观概率法进行预测。

主观概率是一种心理评价，判断中具有明显的主观性。对同一事件，不同人对其发生的概率判断是不同的。主观概率的测定因人而异，受人的心理影响较大，谁的判断更接近实际，主要取决于市场趋势分析者的经验，知识水平和对市场趋势分析对象的把握程度。

当无法通过试验确定某时间的客观概率，或由于资料不完备无法计算客观概率时，常常采用主观概率法进行预测。需要注意的是在实际中，主观概率与客观概率的区别是相对的，因为任何主观概率总带有客观性。市场趋势分析者的经验和其他信息是市场客观情况的具体反映，因此，不能把主观概率看成纯主观的东西。另一方面，任何客观概率在测定过程中也难免带有主观因素，因为实际工作中所取得的数据资料很难达到（大数）规律的要求。所以，在现实中，既无纯客观概率，又无纯主观概率。

（二）时间序列预测

时间序列预测是一种历史资料延伸预测方法，也称历史引申预测法。其主观思想是通过编制和分析时间序列，根据时间序列所反映出来的发展过程、方向和趋势，进行类推或延伸，借以预测下一段时间或以后若干年内可能达到的水平。其内容包括：收集与整理某种社会现象的历史资料；检查鉴别资料，排成时间数列；分析时间数列，寻找社会现象随时间变化规律；结合规律模式，预测该社会现象将来情况等。

1. 基本任务

（1）单指标时序预测任务：给定某一个指标的历史变化情况，预测其在未来一段时间内的变化。

（2）多指标时序预测任务：给定某几个指标的历史变化情况，预测其在未来一段时间内的变化。该任务与单指标时序预测任务的区别在于，几个指标之间不一定相互独立，而是存在某种影响。

（3）时序异常检测任务：从正常的时间序列中识别不正常的事件或行为的过程。可以从历史数据中检测，也可以基于时序预测对尚未发生的异常做出预警。

（4）时序指标聚类：将变化趋势类似的时序指标归至同一类别。在实际运行工作中，面对的指标可能成百上千，分别对其进行分析，工作量太大，可以在聚类的基础上再做建模分析。

（5）指标关联分析：即分析指标 A 是否会对指标 B 有影响，以及有什么样的影响（正向/负向、先后关系、多少时间步后造成影响等等）。

2. 时间序列预测方法

（1）算术平均数法。

即把若干历史时期的统计数值作为观察值，求出算术平均数作为下期预测值。

$$\bar{x} = \frac{\sum_{i=1}^{n} x_i}{n}$$

其中，x_i 是历史各期的实际发生值（第 i 期的实际发生值），n 是总期数。算术平均数法必满足“过去这样，今后也这样”的思想前提下才能使用，且只适用于事物变化不大的趋势预测。

（2）加权平均数法。

利用过去若干个按照时间顺序排列起来的同一变量的观测值并以时间顺序变量出现的次数为权数，计算出观测值的加权算术平均数，以这一数字预测未来期间该变量预测值的一种趋势预测法。

$$\bar{x} = \sum_{i=1}^{n} a_i x_i \text{ , } \sum_{i}^{n} a_i = 1$$

其中：x_i 是第 i 期的实际发生值，a_i 是第 i 期的权重，n 是总期数。

加权平均数法只在月末一次计算加权平均单价，比较简单，而且在市场价格上涨或下跌时所计算出来的单位成本平均化，对存货成本的分摊较为折中，但不利于核算的及时性，且在物价变动幅度较大的情况下，按加权平均单价计算的期末存货价值与现行成本有较大的差异，只适合物价变动幅度不大的情况。

（3）移动平均法。

移动平均法是用一组最近的实际数据值来预测未来一期或几期内公司产品的需求量、公司产能等的一种常用方法。移动平均法适用于即期预测。当产品需求既不快速增长也不快速下降，且不存在季节性因素时，移动平均法能有效地消除预测中的随机波动。移动平均法根据预测时使用的各元素的权重不同，可以分为：简单移动平均和加权移动平均。它的基本思想是：根据时间序列资料、逐项推移，依次计算包含一定项数的序时平均值，以反映长期趋势的方法。因此，当时间序列的数值由于受周期变动和随机波动的影响，起伏较大，不易显示出事件的发展趋势时，使用移动平均法可以消除这些因素的影响，显示出事件的发展方向与趋势（即趋势线），然后依趋势线分析预测序列的长期趋势。

$$F_{t+1}=\frac{\sum_{i=t-n+1}^{t} x_i}{n}$$

其中：F_{t+1} 为第 $t+1$ 期预测值，x_t 为第 t 期观测值，n 为时间跨度。

（4）指数平滑法。

指数平滑法实际上是一种特殊的加权移动平均法。其特点是：第一，指数平滑法进一步加强了观察期近期的观察值对预测值的作用，对不同时间的观察值所赋予的权数不等，从而加大了近期观察值的权数，使预测值能够迅速反映市场实际的变化。权数之间按等比级数减少，此级数之首项为平滑常数 α，公比为（$1-\alpha$）。第二，指数平滑法对于观察值所赋予的权数有伸缩性，可以取不同的 α 值以改变权数的变化速率。如 α 取小值，则权数变化较迅速，观察值的新近变化趋势能较迅速反应于指数移动平均值中。因此，运用指数平滑法，可以选择不同的 α 值来调节时间序列观察值的均匀程度（即趋势变化的平稳程度）。

$$F_{t+1}=\alpha X_t+(1-\alpha)F_t$$

其中：F_{t+1} 为第 $t+1$ 期预测值，X_t 为第 t 期观测值，F_t 为第 t 期预测值。

（5）季节趋势预测法。

季节变动预测是指根据以日、周、月、季为单位的时间序列资料，测定事物随着季节转变而发生周期性变动的规律性的方法。

推断季节性指数常用方法：季（月）平均法，即把各年度的数值分季（月）加以平均，除以各年的总平均数，得出各季（月）指数。然后对序列使用移动平均法或指数平滑法进行预测，将预测值乘以季节性指数，得到最后的预测结果。

（6）趋势需求预测法。

趋势预测法又称趋势分析法，是指自变量为时间，因变量为时间的函数的模式。其优点是考虑时间序列发展趋势，使预测结果能更好地符合实际。根据对准确程度要求不同，可选择一次或二次移动平均值来进行预测。首先是分别移动计算相邻期数的平均值，其次确定变动趋势和趋势平均值，最后以最近期的平均值加上趋势平均值与距离预测时间的期数的乘积，即得预测值。具体公式如下所示：

$$Y_{t+T} = a_t + b_t T$$

$$a_t = 2M_t^1 - M_t^2$$

$$b_t = \frac{2}{n-1}(M_t^1 - M_t^2)$$

其中：M_t^1 为第 t 期第一次移动平均得到的值，M_t^2 为第 t 期第二次移动平均得到的值，n 表示时间跨度，T 表示预测 t 后 T 期的数据。

3. 因果关系预测

因果预测法是根据事物之间的因果关系来预测事物的发展和变化，通过对需求预测目标有直接或间接影响因素的分析找出其变化的规律，并根据这种变化规律来确定预测值。例如，联想微机的销量与联想的广告预算、微机价格、竞争对手的价格等影响因素有关。这里，微机的销量是因变量，其他变量则称为自变量。由于反映需求及其影响因素之间因果关系的数学模型不同，因果预测模型又分为回归模型、经济计量模型、投入产出模型等。由于这些方法计算量较大，一般都要借助计算机才能使用。回归分析预测法是一种最常用的因果关系预测法

一元线性回归是一种最简单的回归分析，预测对象受一个主要因素影响，并且它们之间存在明显的线性关系。

$$Y_i = A + x_i B$$

$$B = \frac{\sum_{i=1}^{n}(X_i - \bar{x})(Y_i - \bar{Y})}{\sum_{i=1}^{n}(X_i - \bar{x})^2}, \quad A = \bar{Y} - B\bar{x}$$

$$r = \frac{\sum_{i=1}^{n}(X_i - \bar{x})(Y_i - \bar{Y})}{\sqrt{\sum_{i=1}^{n}(X_i - \bar{x})^2 \sum_{i=1}^{n}(Y_i - \bar{Y})^2}},$$

$0 \leq |r| \leq 1$，值越大说明 X、Y 的相关性越大，预测结果越准确。

四、物流需求预测产生误差的原因

（一）物流需求预测方法的缺陷

1. 定性预测

（1）样本量少：深入研究会花费大量时间，占用太多资源，导致受访者甚少。

（2）难以归纳：样本过少所以难以归纳结论。

（3）依赖经验丰富的调查员：数据质量取决于主持访问人员或调查员的访问技巧。

（4）缺乏私密性：对于有些话题，受访者不一定愿意沟通交流，可能更愿意通过匿名的方式回答。

（5）主观性强：主要依靠专家或业务人员对历史发生值，根据自己的经验进行主观估计，这种估计存在很大的主观性。

2. 定量分析

（1）缺乏细节：结果来自数据分析反馈，不涉及太多思想和行为洞察，所以无法考证被调查者做出选择的来龙去脉。

（2）难控制：对物流需求进行预测的过程中，都是基于预测对象发展规律符合假设条件，实际中有些因素的发展很难控制。

（二）需求预测系统存在的问题

（1）伴随着市场需求的易变性和多样性，以及信息与制造技术的加速革新和产品生命周期的缩短，供应链管理中的需求预测环节面临着越来越多的不确定性。在以客户为中心的市场环境中，需求的不确定性始终都是企业管理者必须面对的一个重大问题。不同的消费者有不同的偏好体系，他们的需求也必然各不相同。因此，即便对每一个顾客的需求都可以准确地了解，这种预测也会因为成本的原因变得不可行。传统的做法是采用市场细分的统计办法，减少企业面对的需求多样性。但是，随着市场竞争的不断加剧、市场被划分得越来越细，顾客的个性化需求也不断地被挖掘出来，协商式的供应链中需求的不确定性反而越来越大，企业面临的风险也越来越大。

（2）销售链中的每一个环节试图预测其下游环节的需求，由于在预测结果中总会或多或少地存在一些误差因子，随着供应链中每一个上游企业使用下游企业的数据去做新的预测时，预测的误差因子沿着供应链的层级以指数形式放大，从而产生“牛鞭效应”。产生“牛鞭效应”的原因主要有以下几个方面：需求预测修正、价格波动、环境变异、订货批量、短期博弈、库存失衡、缺少协作、交货提前期过短、供应链长短等。另外，需求预测过程中，预测者出于自身利益考虑对收集到的数据加以调整，有意过滤或者加工影响需求预测结果的信息，这种不道德行为也会使需求预测风险向下一个环节传导，极易由此预测产生错误的决策，从而导致预想不到的后果。

（三）需求预测管理存在的问题

1. 工作进程的协调不力

由两个部门共同承担的工作出现问题，双方都不主动联系，这时需要第三个部门协调，从而导致工作进度受到影响。某些工作应由哪个部门负责没有明确界定，处于部门间的断层，相互间的工作缺乏协作精神和交流意识，彼此都在观望，认为应该由对方部门负责，结果工作没人管，原来的小问题也被拖成了大问题。

2. 业务流程的无序

各部门大多考虑一项工作在本部门能否得到认真贯彻，而很少考虑如何协助相关部门顺利实施。通常考虑以本部门为中心，而较少以工作为中心，不是部门支持流程，而是要求流程围绕部门转，从而导致流程的混乱，工作无法顺利完成，需要反复协调，加大管理成本。

3. 计划编制无依据

公司下达了目标指标，却不知道怎样分解，靠“拍脑子”和想当然去制定预算和计划，缺乏可执行性。对于非量化的工作，不进行细化，不具备可操作性。短期计划没有围绕中长期计划进行编制，两者之间出现脱节和背离，没考虑连续性。计划编制拖拖拉拉，事态紧急才下发，忽视了及时性。对于这种计划，如果不进行修改和调整，甚至推倒重来，将会带来极大的危害。

五、减小物流需求预测误差的方法

（一）优化需求预测方法

1. 不同预测方法的组合

组合预测方法是对同一个问题，采用两种以上不同预测方法预测的方法。它既可以是几种定量方法的组合，也可以是几种定性的方法的组合，但实践中更多的则是利用定性方法与定量方法的组合。组合的主要目的是综合利用各种方法所提供的信息，尽可能地提高预测精度。

2. 建立协同预测的机制

预测协同是供应链协同内容之一，通过有效协作，及时在买卖双方之间共享需求信息，达到精确预测，以解决需求和供应不匹配的情况，使双方更有效地制定生产计划。库存协同是指买卖双方共享需求和库存信息，有效实现货物补充过程、减少买方或卖方库存积压风险。通过协同预测，供应商可以针对需求客户的不同库存策略和销售情况，配置产能，减少供应链上的不确定性。

（二）建立有效的需求预测系统

（1）完善销售数据采集过程及建立需求预测分析体系。

（2）建立新型预测管理系统，消除信息孤岛，形成高效信息共享和集成机制。

（3）建立快速反应和缩短订货提前期的机制。

（三）改进需求预测管理

可以通过建立预测精度评估机制，对预测的数值设置相应的标准，以此来避免数据误差过大的情况发生；也可以建立滚动修正的机制，对预测的数据动态地进行修改，及时地发现问题、修改问题，避免影响下一个环节；设计多维度的预测绩效评价标准，单一的预测评估标准不够全面，往往只看到了一方面的影响，并不能从全局出发，往往会陷入局部最优的情况。

第三节 确定订货批量

一、按需订货法

根据需求数量下达采购订单，也就是要多少就买多少，当需求变化时，订单数量也随之变化，因为是按需订货，这类物品几乎不建立库存。

例如，生产需要消耗 200 件原料，则订单数量就为 200 件（如果生产过程中有损耗，也需要将损耗量考虑进订货量中）。

适用于这种订货方式的产品或企业，通常有以下特点：易变质产品；占据大量仓库空间的产品；实行精益生产或 JIT 的企业；高价值产品/A 类物品。

二、固定订货批量法

每次下单的数量都是相同的，订单数量可以是根据历史需求量来决定，或是按照经济订货量、经济生产批量、包装容量、货车容量来决定。在这种方式中，虽然每次下单的数量都一致，但是下单的时间却不固定，即：固定的订单数量和不固定的下单时间。在订货数量不变的前提下，需求增加了，下单间隔就要缩短。需求减少了，下单间隔就要延长。

例如，*X* 物料的固定下单数量是 200 件：当需求为 100 件/天的时候，2 天下一次单；当需求增加为 200 件/天，1 天下一次单；当需求减少为 50 件/天，4 天下一次单。

使用这种订货方式的优势在于，下单过程简单快捷。但也存在库存过高的风险。如果没有及时察觉到需求或其他因素的变化，可能导致库存无法及时消耗、整体成本增加。

三、订购 *N* 期供应

订购 *N* 期供应也叫周期订货法，即下单周期是固定的。这种方法通常是一次性大批量购买物料，用于满足 *N* 个周期的需求。*N* 个周期可以是几天、几周、几个月等等。

例如，*X* 产品每天固定用量为 20 件。设定订货周期为 30 天，即每次的订货数量可以支持 30 天的生产活动。物料计划员每 30 天下一次订单，订货数量为 600 件。

这种订货法通常用于：需求稳定的产品；订单数量正好等于 *N* 个周期的需求；相对低价值的产品，比如 C 类产品。

四、经济订货量（EOQ）

（一）EOQ

经济订货量是通过平衡下单成本（Ordering Cost）和持有成本（Carrying Cost），来确定最低总成本的最佳订货量。满足：存货总成本=订货成本+库存持有成本。

$$TC=S*\frac{D}{Q}+C*\frac{Q}{2}$$

$$Q=\sqrt{\frac{2DS}{C}}$$

其中：TC 为存货总成本；D 为需求量；S 为单位订货成本；C 为单位库存持有成本；Q 为订货批量。

在使用经济订货量时，必须满足以下前提假设：

（1）该物品是成批的，或通过采购或通过制造而得到补充，不是连续生产出来的；

（2）销售或使用的速率是均匀的；

（3）没有在途存货；

（4）没有价格折扣/运输折扣，即单价不随订货批量变化；

（5）不存在缺货成本；

（6）不存在可用资本的限制。

（二）对 EOQ 的调整

1. 折扣对 EOQ 的影响

在某些情况下，供应商对不同批量的订货实行不同的价格，往往是随着订货批量的增大而给予更大的折扣。折扣表现在产品价格或运输费率的折扣上。

【案例 4-1】一家大医院的维修部每年使用大约 816 箱液体清洁剂，每次订货成本为 12 元，每年每箱库存成本为 4 元，价目表如表 4-1 所示。请确定最优订货量和总成本。

表 4-1　价目表

订购数量（箱）	单价（元/箱）
< 50	20
50~79	18
80~99	17
99	16

2. 连续补货

通常情况下，所订货物并不是在某一特定时间一次到货，而是在一定时期内分批到货/连续补货。

例：假设库存供应速率为 R_1，需求速率为 R_2，供应速率大于需求速率，这时库存随着补货的进行逐渐增加。当供应停止时，库存便会连续下降，直至下一次订货的到来。结合 EOQ 思想，得出 $Q=\sqrt{\dfrac{2DS}{C(1-\dfrac{R_2}{R_1})}}$。

3. 节日采购

所订货物仅仅是为了某一特定日期所有。在这种情况下，要决定订货批量就必须对缺货和库存两种情况所带来的风险及最后的收益进行比较权衡。此时订货批量可以利用决策矩阵对收益情况进行比较，选取收益最大的批量作为最优订货批量。

第四节 库存分配决策方法

一、平均份额分配法

平均份额分配法是一种简单的库存管理计划法，它为每一个分拨设施公平地分配来自上一节点的可用库存。库存管理人员可以把工厂的库存平均分配到每一个节点的库存，分配原则是使每个节点的库存水平使用天数相等。因此，首先应该确定所有库存的运作天数。

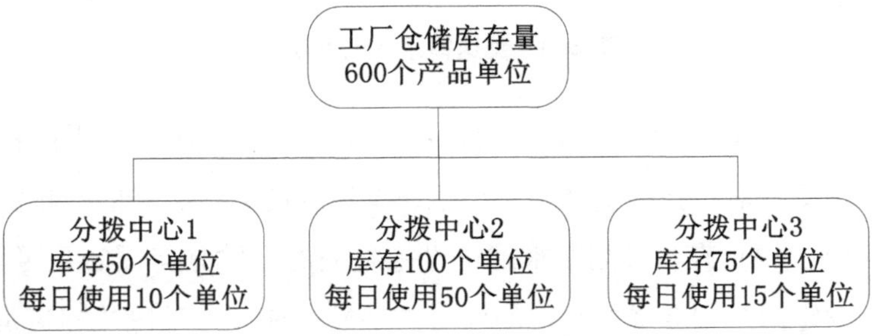

图 4-2 平均份额分配例图

由图 4-2 可知，虽然每个分拨中心的日使用量不同，但通过平均份额分配法可以保证各分拨中心的使用天数相同，其计算公式如下：

$$DS = \frac{AQ + \sum_{j=1}^{n} I_j}{\sum_{j=1}^{n} D_j}$$

其中：DS 为仓库现有存货天数；AQ 为来自工厂仓库的待分配库存单位；I_j 是厂库 j 的库存；D_j 为厂库 j 的日需求。

二、配送需求计划方法（DRP）

一种既保证能够有效地满足市场需要，又使得物流资源配置费用最少的计划方法。该方法是在一种独立的环境下运作，由不确定的顾客需求来确定存货需求，由顾客需求引导，企业无法加以控制。

DRP 主要应用于两类企业，一类是流通企业，如储运公司、配送中心、物流中心、流通中心等。另一类是具有流通部门承担分销业务的企业。两类企业共同点为以满足社会需求为企业宗旨；依靠一定的物流能力来满足社会的需求；从制造企业或物资资源市场组织物资资源，如图 4-3 所示。

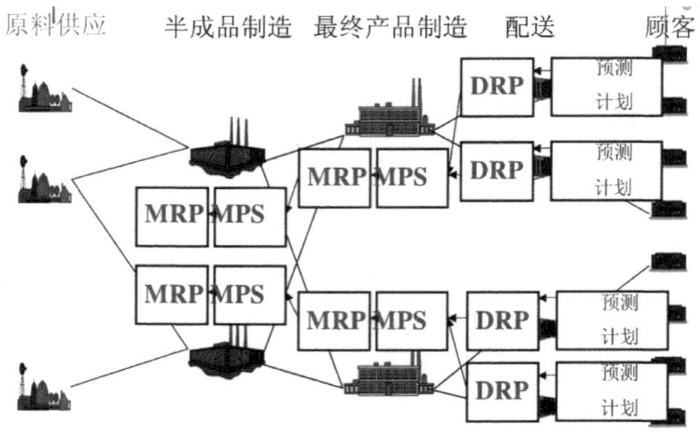

图 4-3　配送需求计划方法图

DRP 系统存在的缺陷：（1）存货计划系统需要每一个配送中心提供精确的、经过协调的预测数。该预测数对于指导货物在整个配送渠道的流动是必需的。预测误差就有可能成为一个重大问题；（2）存货计划要求配送设施之间的运输具有固定且可靠的完成周期，而完成周期的不确定因素则会降低系统的效力；（3）由于生产故障或递送延迟，综合计划易遭受系统紧张的影响或频繁改动时间表的影响。

第五节　库存管理控制决策

一、库存管理

库存管理也称库存控制，是指对生产、经营全过程的各种物品、产成品及其他资源进行预测、计划、执行、控制和监督，使其储备保持在经济合理的水平上的行为。现代企业认为、零库存是最好的库存管理。因为库存多，占用资金也多，利息负担就会加重。但如果过分追求低库存、也会加大存货短缺成本，造成货源短缺，失去市场甚至失去客户。因此，在库存管理过程中，应把握好衡量的尺度，处理好服务成本、缺货成本、订货成本、库存持有成本等各成本之间的关系，以求达到企业的库存管理。

库存管理的目标：为了保证企业正常的生产经营活动，库存是必要的，但因为库存又占用了大量资金，成为企业生产经营成本的一部分，因此，库存管理的关键问题就是要既能保证经营活动的顺利进行，又能使资金占用达到最小。库存管理的目标就是要防止超储和缺货，最大限度地降低存货成本，必须保证销售、生产等基本要求，在企业资源约束下，以最合理的成本为客户服务。

库存管理的作用：（1）有利于资金周转。因为在某些特殊情况下，可以做到将库存需要的投资额规定为零。为此，可使经营活动更灵活，把用于建立原材料、制成品、商品等常备库存所需要占用的资金转为经营其他项目，这就有可能使经营活动向更灵活、更高的阶段发展；（2）保证企业经营活动的正常需要。企业对有关物资的需求，是随着经营活动的进行而不断发生变化，但需求与供应在时间和数量上；往往是不同的。因此，只有有相应数量的物资储备供周转，才能保障企业经营活动的正常需要；（3）缓冲作业的失误。在企业生产经营的实践中，因某些主观或客观因素（如预测不准、生产事故、运输故障等）出现作业失误，往往是难以完全避免的。这时，若有相应的物资储备，便可缓冲作业的失误，保证生产经营活动按预定的要求继续进行。

二、库存控制

库存控制的研究在于是在什么时间、以什么数量、从什么来源补充库存，使得库存和补充订货的费用最少。

（一）库存控制基本概念

最低库存量（s）：为了保证消费的供应，同时考虑企业自身的条件，确定库存数量应维持最低界限。

理想最低库存量：从开始订购商品到订购商品送达仓库为止的时间内，维持企业正常运营所需商品的数量。实际最低库存量为理想最低库存量加上安全库存量。

最高库存量（S）：为了防止库存商品过多，浪费资金，仓库应限定各种商品的最高库存水平。

平均库存：包括储存于物流设施中的物料、零件、半成品及成品。一般组成包括周期库存、安全库存、在途库存。

订货点（R）：库存量下降到某一数量时，应立即提出订购的补充点。

订货批量（Q）：库存量已达到订货点时，应订购商品的数量。

补货绩效周期（T）：也称为提前时间，从补货订单发出开始至该订单货品进库能够使用所需的时间。

（二）定量订购库存控制法

定量订购库存控制法要求对库存物资进行动态盘点，即对发生收发变化的物资随时盘点，当物资储备量降到规定的订购点时，就提出订购，如果发现储备量高于订购点，则暂时置之不理。这种方法的特征是设置一个固定的再订购点，并且每次订购的数量是固定不变的，但是订购时间或者进货时间不定。订购点即提出订购时的物料储备量，它等于从提出订购到物资进库并能够投入使用这段时间（即提前时间）的物资需要量加上安全库存量。但在实际中，每次的提前时间由于订购、运输等一些不可控的原因，往往就会发生变化，我们取其平均数，称为平均提前时间。它包括办理订购手续所需时间、供货单位发运物资所需时间、在途运输时间、到货验收时间以及使用前的准备时间等。

在需求及绩效周期固定不变的条件下，再订货点的计算公式为：

$$R=D\times T$$

其中：R 为再订货点的库存量；D 为平均每日需求量；T 为平均绩效周期。

当需求或绩效周期具有不确定性时，再订货点的计算公式为：

$$R=D\times T+SS$$

其中，SS 为安全库存量。

定量订购控制法的优点有：（1）能够经常地掌握库存储备状态，及时提出订购，不易出现缺货现象；（2）保险储备量少；（3）订购量固定，故能够采用经济订购批量模型，以便于包装运输和保管作业的开展。

定量订购控制法的缺点有：（1）必须不断检查仓库的库存量；（2）订购时间不定，难于编制作业计划。

（三）定期订购库存控制法

定期订购库存控制法采用定期盘点，按照固定时间间隔来检查储备量并提出订购，订购量根据盘点时的实际储备量和下一个进货周期的预计需求量而定。这种方法的特征是盘点时间和订购时间固定。其订购量的计算公式为：

订购量=订购周期需求量+安全库存量-现有库存量-已订未到量

式中，现有库存量为提出订购时盘点的实际储存量，已订未到量为已经订购、预计在本订购周期内会到达的期货数量。

有的企业在利用定期订购控制法的时候，为了方便，会设置最高储备量，每次的订购量都以达到最高储备量为限。

定期订购控制法的优点有：(1) 由于定期订购，可以将多种物品合并订购，这样可以降低订购和运输等费用；(2) 由于多种物品一起订购，可以编制较为实用的采购计划。

定期订购控制法的缺点有：(1) 不利于使用经济订购批量模型，有时的储备定额不是最佳的；(2) 要花费一定的时间进行盘点。

第五章

物流网络规划与设计

随着经济全球化的不断发展，物流已成为各个国家不可缺少的重要组成部分。物流系统网络是从网络的角度去研究物流，是物流研究的新视角。物流三大网络分别是物流组织网络、物流基础设施网络以及物流信息网络。

第一节　物流网络的含义和组成

一、物流系统网络的含义

物流系统网络，简称物流网络，就是由多个节点和联系节点的线路共同构成的网状配置系统，即把物流系统抽象为由节点（nodes）和链（links）连成的网络。网络中的“链”代表不同库存点之间货物的移动。这些储存点（零售店、仓库、工厂或供应商）就是节点。任意一对节点之间可能有多条链相连，代表不同的运输形式、不同的路线。节点也代表那些库存流动过程中的临时停靠点，如货物运送零售店或最终消费者之前短暂停留的仓库。[①]

（一）节点类型

在各个物流系统中，节点起着若干作用，但随整个系统目标的不同以及节点在网络中

① 朱耀勤，王斌国，姜文琼．物流系统规划与设计[M]．北京：北京理工大学出版社，2017.

地位的不同，节点的主要作用往往不同。根据这些主要作用节点可分成以下几类：转运型节点、储存型节点、流通型节点、综合型节点，如表 5-1 所示。

表 5-1 物流节点的类型

类别名称	主要职能和特点	说明
转运型	处于运输线上，连接不同的运输方式，以进行大批量货物中转为主要职能，货物停滞时间较短	铁路线上的货站、编组站，水运线上的港口、码头，空港，公路主枢纽，联运站等都属于这类节点
储存型	以存放、储备货物为主要职能，货物在这类节点上停滞时间较长	储备仓库、营业仓库、货栈等都属于这类节点
流通型	以组织物资在系统中的运动为主要职能的节点，在社会系统中则是一种以组织物资流通为主要职能的节点	现代物流中的流通仓库、物流中心、配送中心就属于这类节点
综合型	在一个节点上实现两种以上的主要功能，并且并非独立完成各自的功能，有完善的基础设施，是有效衔接和协调作业的集约型节点	物流园区、物流基地和大型物流中心就属于此类节点，这种节点是适应物流规模化、集成化和社会化的要求而出现的，是现代物流系统节点发展的方向

1. 转运型节点

其是以接连不同运输方式为主要职能的节点。铁道运输线上的货站、编组站、车站，不同运输方式之间的转运站、终点站，水运线上的港口、码头，空运中的空港等都属于此类节点。一般而言，由于这种节点处于运输线上，又以转运为主，所以货物在这种节点上的停滞时间较短。

2. 储存型节点

其是以存放货物为主要职能的节点，货物在这类节点上的停滞时间较长。在物流系统中，储备仓库、营业仓库、中转仓库、货栈等都属于此类节点。

尽管不少发达国家的仓库职能在近代发生了大幅度的变化，一大部分仓库转化成不以储备为主要职能的流通仓库，甚至流通中心，但是，在现代世界上任何一个有一定经济规模的国家，为了保证国民经济的正常运行、企业经营的正常开展、市场的流转，以仓库为储备的物流节点形式仍是不可或缺的，总还是有一大批全库仍会以储备为主要职能。在我国，这种类型的仓库还是占主要成分。

3. 流通型节点

其是以组织物资在系统中的运动为主要职能的节点，在社会系统中则是以组织物资流通为主要职能的节点。现代物流中常提到的流通仓库、流通中心、配送中心就属于这类节点。

需要说明的是，各种以主要功能分类的节点，都可以承担其他职能而不完全排除其他职能。如转运型节点，往往设置有储存货物的货场或站库，从而具有一定的储存功能，但是，由于其所处的位置，其主要职能是转运，所以按其主要功能将其归入转运型节点之中。

4. 综合型节点

在物流系统中，综合型节点是集中于一个节点中全面实现两种以上的主要功能，并且在节点中并非独立完成各自的功能，而是将若干功能有机结合于一体，有完善设施、有效衔接和协调工艺的集约型节点。这种节点是适应物流大量化和复杂化，适应物流更为精密准确，在一个节点中要求实现多种转化而使物流系统简化、高效的要求出现的，是现代物流系统中节点发展的方向之一。

（二）节点功能

1. 衔接功能

物流节点将各个物流线路联结成一个系统，使各个线路通过节点变得更为贯通而不是互不相干，这种作用称为衔接作用。衔接作用可以通过多种方法实现，主要有：通过转换运输方式衔接不同运输手段；通过加工衔接干线物流及配送物流；通过储存均衡不同时间的供应物流和需求物流；通过集装箱、托盘等集装处理衔接整个“门到门”运输，使之成为一体。

2. 信息功能

物流节点是整个物流系统或与节点相接的物流信息的传递、收集、处理、发送的集中地，这种信息功能在现代物流系统中起着重要的作用，也是将复杂的物流诸单元联结成有机整体的重要保证。在现代物流系统中，每一个节点都是物流信息的一个点，若干个这种类型的信息点和物流系统的信息中心结合起来，便成了指挥、管理、调度整个物流系统的信息网络，这是一个物流系统建立的前提条件。

3. 管理功能

物流系统的管理建设实施和指挥机构往往集中设置于物流节点之中，实际上物流节点大都是集管理、指挥、调度、信息、衔接及货物处理为一体的物流综合设施。

4. 配套功能

物流节点还为车辆停靠、金融生活、工商、税务、海关提供一些配套和辅助服务。

和物流系统网络配合的还有物流信息网络、物流组织网络和物流基础设施网络。其中，物流信息网络是物流系统网络运作的重要技术支撑，包含了关于销售收入、产品成本、库存水平、仓库利用率、预测、运输费率及其他方面的信息。信息网络中的链由两点之间的信息构成。信息网络中的节点则是不同的数据采集点和处理点，如进行订单处理、拣选、备货和更新库存记录等。物流组织网络是物流运行的组织保障，物流基础设施网络是物流系统网络高效运行的基本前提。而物流系统网络是相对综合的概念，是基于互联网的开放性、资源共享性，运用网络组织模式构建起来的新型物流服务系统。

二、物流系统网络的组成

物流系统网络的结构是指产品从原材料起点到市场需求终点的整个流通渠道的组成形式，包括物流节点的类型、数量、位置，节点上资源的数量、种类，节点所服务的客户群体，节点之间的铁路的负载能力、物理特性以及节点之间所采取的运输方式等。

（一）厂商

厂商即供应商，处于物流系统网络的起点，由于物流系统网络的核心功能就是实现原材料或产品从产地到消费者之间的空间转移，因此厂商的分布情况对整个物流系统网络结构起着至关重要的作用。例如，在厂商分布集中和厂商分布分散两种情况下，所要求的物流节点的位置、数量以及运输线路，运输方式等就会不同，因此对应的物流系统网络就会出现很大差别。

厂商分布与物流系统网络结构相互制约。当大规模的厂商分布既定的时候，物流系统网络结构往往会把厂商分布作为一个约束条件；而当物流系统网络初具规模的时候，新的厂商在选址时则会把已有的物流系统网络作为约束条件。

（二）客户

客户作为物流系统网络的终点，与物流系统网络试点的厂商相对应，也是物流系统网络的重要组成部分。客户既是物流系统网络结构的一部分，也是物流系统网络服务的对象。客户自身的特点和分布特征直接决定着物流系统网络的内部结构。所以说物流系统网络是客户的导向系统，是高效评价能否为物流客户提供所需服务的系统。

（三）物流节点

物流节点是物流系统中货物运往最终消费者过程中临时经过停靠的地方。物流节点的种类很多，在不同线路上节点的名称各异，这是受物流学科形成之前，交通运输、外贸、商业等领域各自发展的影响而形成的行业性叫法。物流节点按照主要功能的不同可分为转运型节点（如铁路货站、水运码头、航空空港）、储存型节点（如营业仓库、中转仓库、储备仓库等）、流通型节点（如流通仓库、加工中心、配送中心、集货中心、分货中心、物流中心、物流园区等）和综合型节点。应根据不同物流节点的功能和规模，确定合适的物流节点配置，为物流系统网络功能的实现提供支撑。

（四）物流线路

厂商、物流节点和客户构成了物流系统网络的主要框架，要想使这些要素形成一个系统网络，必须有效地把它们连接起来。这些节点之间的实体连接需要通过物流线路来实现。物流线路广义上指所有可以行驶和航行的陆上、水上、空中路线，狭义上仅指已经开辟的、可以按规定进行物流经营的路线和航线。物流线路有以下几种类型：铁路线路、公路线路、海运线路和空运线路。

（五）信息系统

在物流网络各节点之间不仅存在产品实体的流动，而且存在大量物流信息在节点之间的传递。在物流系统网络内，物流信息的及时传递、共享以及信息的处理都对整个物流系统的效率产生重要影响。在构建物流系统网络构架时，既要考虑有形的硬件节点建设，也要考虑无形的信息网络体系建设。只有有了物流信息管理体系的支持，物流系统网络才能够真正被激活，真正发挥效用。

（六）物流网络组织

在进行物流网络资源配置时不仅要考虑节点配置，还要考虑人力资源的配置与组织管理配置。只有建立一套好的组织管理和运行机制，物流系统网络才能实现持续良好运转。如果把物流系统网络比作人的生理系统，那么就可以把厂商、客户、物流节点、物流线路看作人体的骨架和器官，把物流线路和信息传递看作人体的血液循环系统和神经系统，把物流系统网络管理看作人体的调节系统，它们既有明确分工，又相互协作，共同构成物流系统网络。①

① 朱耀勤，王斌国，姜文琼．物流系统规划与设计[M]．北京：北京理工大学出版社，2017.

第二节 物流网络结构的类型

一、单核心节点结构

单核心节点结构是指在物流网络体系中只有一个节点存在，该节点同时承担物流中心与配送中心的职能。在该物流系统网络覆盖的区域，绝大多数物流活动都是通过该核心节点实现的。在这种结构模式中，物流中心同时承担着信息中心的角色，所有的物流信息都汇集到这里进行进一步的传递和处理。

在这种物流系统网络结构模式中，物流的大量活动都发生在该节点，而且没有物流中心与配送中心的明确划分，厂商与客户的物流活动极大地依赖于核心节点来完成。物流活动大致经过如下过程：厂商→核心节点→客户。这种网络结构模式将会越来越不适应需要。单核心节物流系统网络结构，如图 5-1 所示。

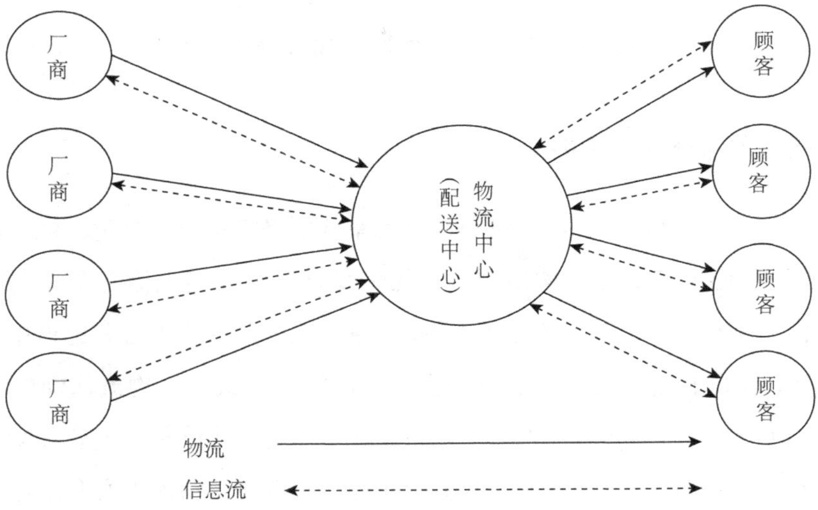

图 5-1　单核心节物流系统网络结构

二、双核心节点单向结构

双核心节点单向结构是指物流系统网络体系中存在两个核心节点，即物流中心和配送中心，物流中心更多地侧重于为供应链上游厂商提供服务，而配送中心则更多地侧重于为供应链下游客户提供服务。物流中心和配送中心不但是物流活动的核心，而且大量的物流信息也汇集到核心节点，进行进一步的有效传递。

在该物流系统网络结构中，主体物流活动发生在两个核心节点之间，物流活动经过如下过程：厂商→物流中心→配送中心→客户。这种物流系统网络结构模式广泛存在于一些范围较大的经济区。一些大型企业的物流活动往往也通过这种模式实现。双核心节点单向物流系统网络结构，如图 5-2 所示。

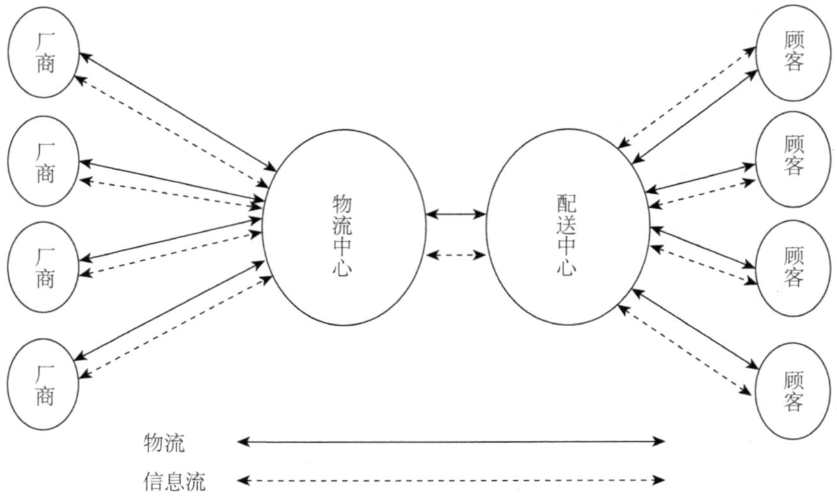

图 5-2　双核心节点单向物流系统网络结构

三、双核心节点交互式结构

双核心节点交互结构与双核心节点单向物流系统网络结构非常接近，但二者又存在明显的区别。在双核心节点交互结构模式下，无论是物流还是信息流都是双向的，也就是说，该物流系统网络中的每一个节点同时承担双重功能，即物流中心和配送中心。随着环境的变化，两个核心节点的功能会发生调换。在该结构模式下，物流活动的实现过程如下：厂商→物流中心→配送中心→客户。在该模式下，交互式体现为随着环境与厂商和客户需求的变化，物流中心与配送中心的功能会对调，或者说，物流中心和配送中心都同时具备双重功能。

双核心节点交互式物流系统网络结构，如图 5-3 所示。

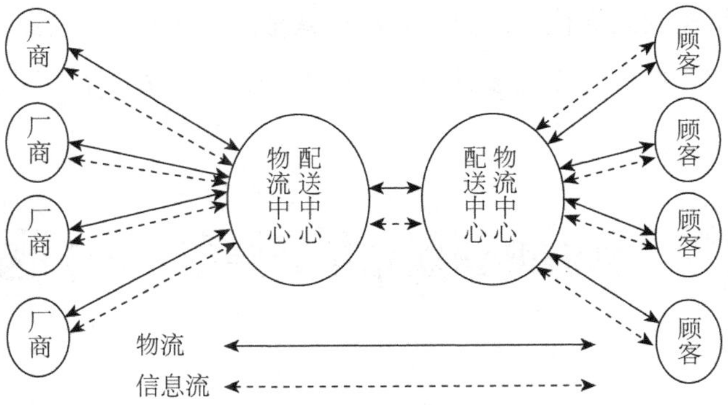

图 5-3 双核心节点交互式物流系统网络结构

四、双平台物流网络结构

在现实的物流系统网络中，可能不仅存在一个或两个物流核心节点，而是多个核心节点同时存在，绝大多数物流活动都是通过这些节点完成的。多核心节点物流系统网络结构的原理和上述几种模式没有本质的区别，只是上面几种物流系统网络模式的加大或叠加。在范围比较大的经济区域或大型企业内，一般采用多核心节点物流系统网络结构。

物流系统网络中的信息流是物流相关信息的流动，在上述物流系统网络结构模式中，物流和信息流往往是同时、同向发生的。在物流系统网络中，为了提高物流系统网络的效率，往往把物流和信息流分离开来，形成信息流-物流双平台物流系统网络结构，如图 5-4 所示。

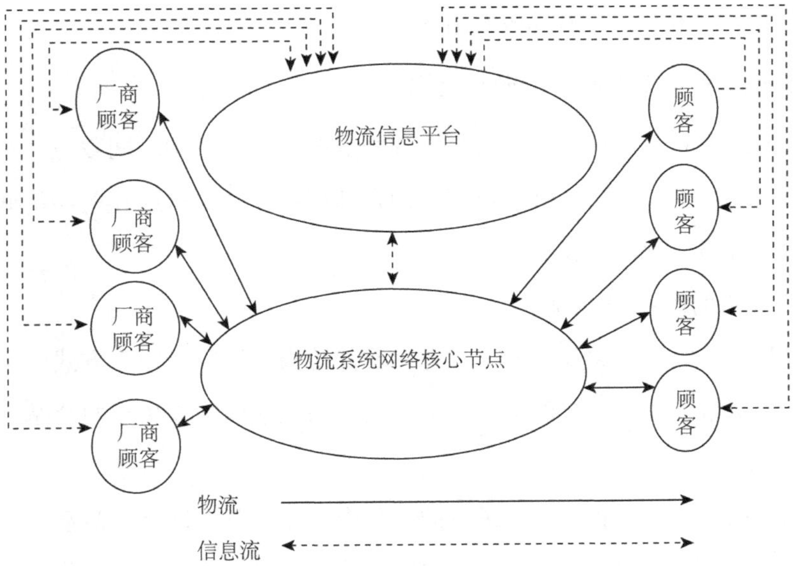

图 5-4 信息流-物流双平台物流系统网络结构

物流系统网络结构模式无优劣之分，每种模式适用于不同的环境。多数物流系统网络往往不是以单一模式存在的，而是多种模式混合在一起，或者多种模式叠加在一起。

第三节 物流网络规划设计原则及影响因素

一、物流网络的规划与设计

（一）物流系统网络规划与设计的必要性

物流系统网络是一种复杂网络，规模庞大，结构复杂，目标众多，动态多变，跨越时空，涉及众多行业，既要满足社会需求、节能环保，又要经济合理、节约物流总成本，这些都对物流系统网络规划与设计提出了新的挑战。

（1）现代物流系统网络环节众多，涉及面广，许多环节之间还存在“效益悖反”现象，这就需要一个全面、系统、综合的物流规划，对其进行必要的统筹安排。

（2）物流系统网络的建设投资规模巨大，为防止盲目投资导致的低水平重复，需要以物流系统网络规划与设计为指导，提高物流系统网络的投资效益。

（3）我国物流业整体水平还不高，要想有一个比较好的发展基础，实现跨越式发展，也需要有物流系统网络规划与设计的有力指导。

（二）物流系统网络规划与设计的内容

物流系统网络规划与设计的目的就是实现物资的空间效益和时间效益，在保证社会再生产顺利进行的前提下，实现各种物流环节的合理衔接，并取得最佳的经济效益。使物流利润最大化和服务最优化的途径如下。

1. 节点与线路的统一与协调

物流节点与线路的相互关系，相对配置以及其结构、组成、联系方式的不同，形成了不同的物流系统网络。物流系统网络的水平高低、功能强弱则取决于两个基本元素的配置和两个基本元素本身。

物流全部活动是在线路和节点上进行的。其中，在线路上进行的活动主要是运输，包括集货运输、干线运输、配送运输等，而包装、装卸、保管、分货、配货、流通加工等都是在节点上完成的。实际上，物流线路上的活动也是靠节点组织和联系的。如果离开了节点，物流线路的运动必然陷入瘫痪。

因此，要依据线路和节点的不同功能，进行有效的分工和协调，形成统一的、一体化的运作系统，以保障物流系统输出的最大化。

2. 空间（地理）设计问题

物流系统网络规划与设计就是确定产品从供货点到需求点流动的机构，包括使用什么样的设施、设施的数量、设施的位置、分派给各设施的产品和客户、设施之间应使用什么样的运输服务、如何进行访问。

物流系统网络设计的问题包括空间设计和时间设计两个方面的内容。空间或地理设计问题是决定各种节点（如工厂、仓库、零售点）的地理位置。确定各种节点的数量、规模和位置时则要在客户服务要求和成本之间寻求平衡。这些成本包括生产采购成本、库存成本、设施成本（存储、搬运和固定成本）和运输成本。

3. 时间（时期）设计问题

物流系统网络规划的时间或时期问题是一个为满足客户服务目标而保持产品的问题。通过缩短生产、采购订单的反应时间或者通过在接近客户的地方保有库存可以保证一定的产品可得率。如制造企业在物流系统网络设计的时间问题上，首先要考虑的因素是客户得到产品的时间，在满足客户服务目标的同时平衡资金成本、订单处理成本和运输成本，从而决定产品的物流系统网络的方式。而以时间为基础的物流系统网络决策也会影响物流设施的选址和数量。

对于高层管理者来讲，网络结构问题非常重要。重新设计物流系统网络往往能使物流总成本每年节省 5%~15%。惠而浦公司每年的物流成本高达 15 亿美元，一年节省 10%就是 1.5 亿美元。从该数字不难看出为什么网络重组在规划问题中位居前列。当然，除了降低成本外，网络设计也有助于改善客户服务，提高企业的竞争力。

4. 战略性物流系统网络规划

战略性物流系统网络规划通常需要解决以下几方面的问题：顾客服务水平、选址决策、库存规划、运输管理、计划区域内应建立的物流系统网络节点数、节点位置、节点规模等。设计物流系统网络结构时需要确定承运物流工作所需的各类设施的数量和地点，同时还必须确定每一种设施怎样进行存货作业和储备多少存货，以及安排在哪里对顾客订货进行交付。战略性物流系统网络规划需要解决的问题，如图 5-5 所示。

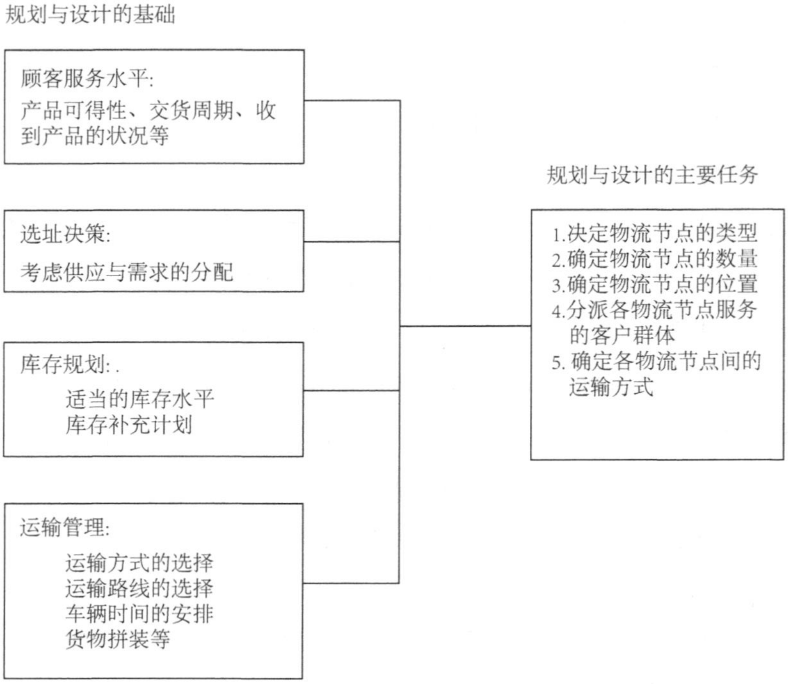

图 5-5　战略性物流系统网络规划需要解决的问题

（三）物流系统网络规划与设计的原则

为了达到物流系统网络节约社会资源、提高物流效率的目标，在进行物流系统网络构建时要遵循一些原则。

1. 按经济区域建立的网络

物流系统网络的构建不仅要考虑经济效益，也要考虑社会效益。考虑经济效益就是通过建立物流系统网络降低综合物流成本。考虑社会效益是指物流系统网络有利于资源的节约。

在一个经济区域内，各个地区或企业之间经济上的关联性和互补性往往会比较大，经济活动比较频繁，物流规模总量较大，物流成本占整个经济成本的比重大，物流改善潜力巨大。因此，在经济关联性较大的经济区域建立物流系统网络非常必要，要以整个经济区域的发展来考虑构建区域物流系统网络。例如我国的长三角经济区域，全面构筑多层次的综合物流系统网络，合理规划各类物流园区，加快构建现代物流信息系统，完善物流通道网络，加速形成铁路、高速公路、水运、航空并举的现代化物流系统网络体系。

2. 以城市为中心布局网络

城市作为厂商和客户的集聚点，基础节点建设和相关配套支持比较完备，作为物流网络布局的重点，可有效地发挥节省投资和提高效益的作用。因此，在宏观上进行物流系统网络布局时，要考虑物流系统网络覆盖经济区域的城市，把它们作为重要的物流节点。在微观上进行物流系统网络布局时，要考虑把中心城市作为依托，充分发挥中心城市现有的物流功能。例如“十三五”期间，围绕山东物流业提质增速的总体目标，人们重点发展五大物流区域。以青岛为核心的港口群物流区域、以济南为核心的鲁中物流区域、以临沂为核心的鲁南商贸物流区域、以德州为核心的鲁北物流区域和以济宁为核心的鲁西南物流区域。重点建设济南、青岛两个国家级物流节点城市。将济南建设成承接国家物流通道的陆路中转物流中心城市，发挥以青岛港为龙头的港口群带动作用，建成服务全国、服务山东多式联运结合的国家级物流节点城市。

3. 以厂商聚集形成的网络

聚集经济是现代经济发展的重要特征，厂商聚集不仅可降低运营成本，而且将形成巨大的物流市场。物流作为一种实体经济活动，与商流存在明显的区别。物流活动对地域、基础节点的依赖性很强，因此，很多企业把生产基地设立在物流系统网络的中心。例如，美国很多大规模的跨国公司总部坐落在小城市，大量的商流活动发生在小城市。天津经济技术开发区就汇集了很多跨国公司的生产中心，形成了巨大的物流市场。所以在进行物流系统网络构建时需要在厂商物流集聚地形成物流系统网络的重要节点。

4. 建设信息化的物流系统

物流信息系统作为物流系统网络的一个重要组成部分，发挥着非常重要的作用。现代企业物流信息化，是适应经济全球化与市场一体化的要求，充分运用信息化手段和现代化方式，对物流市场作出快速反应，对资源进行快速整合，并使物流、资金流和信息流最优集成的新的管理模式和手段。物流系统网络的要素不仅指物流中心、仓库、节点、公路、铁路等有形的硬件，更主要的是指物流信息系统通过物流系统网络信息平台搭建的软件系统。物流系统网络效率的提高，离不开物流信息的及时共享和对物流活动的实时控制。科学、完善的物流信息系统将会使物流活动的效率提高 3~8 倍，甚至更高。

（四）物流系统网络规划与设计的步骤

物流系统网络规划与设计，基本上都是以追求最低物流总成本与最大顾客满意度为出发点的，同时兼顾成本与服务水平，从整合物流的角度来规划整体的物流设施网络。因此物流系统网络规划的方法是根据物流设施、存货、运输与服务水平之间的相互关系，找出彼此之间的约束与联系，采用数学的方法与原理，求得最优解。

物流系统网络规划与设计是一个复杂反复的过程。一般战略性和综合性的物流系统网络设计过程需要以下几个步骤。

1. 组建物流系统网络规划与设计团队

（1）团队的成员

在物流系统网络规划与设计之初，重要的是成立对其过程各个方面负责的物流系统网络再造团队。团队的成员包括企业的高层管理人员、物流专家、物流经理、生产和销售部门的相关人员等。参加人员必须了解企业的总体发展战略、企业的根本业务需要、企业所参加的供应链。

（2）团队的任务

同样重要的是，团队成立后有其艰巨的任务。团队要制定出物流系统网络设计的目标评价参数，同时要考虑使用物流外包，如第三方物流供应的可能性，以充分利用外部提供的物流系统网络解决方法和物流资源。例如，高层管理者的了解，对于总体再造过程的有效进展非常重要。资金、人员、系统这些资源相关性的问题，也必须在此过程的早期有所了解。另一个需要考虑的是，物流服务的第三方具有使企业物流目标实现的潜能。这种考虑非常重要，因为它将拓宽物流系统网络设计团队的视野，将来自外部的物流系统网络解决方案或适当的物流资源一同纳入考虑的范围中。

2. 物流系统网络的数据收集

物流系统网络的构建和规划需要大量的数据作为决策依据，在数据选取的侧重方面，数值不同，物流系统网络构建的内容和模式也会有差异。

物流系统网络规划所需的数据清单包括各个节点资料的收集。物流系统网络规划需要一个包罗万象的货运数据库，尽管有些货运数据专门用于某些特殊的物流系统网络结构问题，但数据库的大部分数据都是通用的。总的看来，在进行规划之前，首先要收集如下信息：产品线上的所有产品清单，顾客，存货点，原材料供应源的地理分布，各区域的顾客对每种产品的需求量，运输成本和费率，运输时间，订货周期，订单满足率，仓储成本和费率，采购、制造成本，产品的运输批量，网络中各节点的存货水平以及控制方法，订单的频率，批量，季节波动，处理成本与发生这些成本的物流环节，顾客服务目标，在服务能力限制范围内设备和设施的可用性，产品配送模式。

3. 方案的提出

在数据收集好之后，需要利用各种定量、定性的方法建立恰当的模型，进行节点规划选址分析，提出物流系统网络规划的方案。利用可行的评估方法或准则，对以上求出的多组可行解进行评估，将各可行解进行排序，以选取最适合的规划方案。当然，方案之间不能仅仅依靠经济分析比较，还要考虑每种方案对顾客服务水平所创造的收益与相应的物流总成本之间的差距，以获得最大的利润贡献。在得出结论后，就要制定各主要步骤的时间进度，包括从现有系统向未来系统转换的执行时间表等。

4. 方案的执行实施

物流系统网络规划与设计的总体方向一旦确定，有效的执行方案就变得非常重要。这是物流系统网络规划与设计的最后一个步骤，在方案的实施过程中，要不断地收集信息资料，若发现问题，及时将具体实施过程中的问题汇总到管理层和物流规划设计团队，以期得到修正。

（五）物流系统网络规划与设计的方法

在实际工作中，对物流系统网络规划与设计方案进行评价时，由于其涉及的因素多、专业性强，且规划与设计评价的因素中除了部分规划指标是定量的以外，其余均为定性因素，要将这些复杂的定性因素纳入整个评价体系，统一比较量化，确定比较评定结果，一般开发人员，甚至专家也会感到非常困难。但随着计算机技术的发展，许多问题也能够得到解决。常用的方法如下。

1. 德尔菲法

在物流系统网络规划与设计的过程中，除了用定量的方法外，采用德尔菲法，将使结论更科学、更符合实际。

德尔菲法（Delphi Method）① 是一种常用的主观、定性的方法，不仅可以用于技术预测领域，而且可以广泛应用于各种评价指标体系的建立和具体指标的确定过程。它的实质是利用专家的知识和经验，对那些带有很大模糊性、较复杂且无法直接进行定量分析的问题，通过多次填写征询意见表的调查形式取得测定结论的方法。该方法具有匿名性、反馈性、统计性等特点，调查过程中通过对专家意见的统计、分析，充分发挥信息反馈和信息控制的作用，使专家通过比较分析，修改意见，从而使分散的评价逐渐接近，最后集中在比较一致的评价结果上。

2. 解析法

解析法是通过数学模型进行物流系统网络规划与设计的方法，是对多种定量的数学方法的一个统称。在物流系统网络规划与设计中，使用解析法首先要根据问题的特征、外部条件和内在联系建立数学模型或图解模型，然后对模型进行求解，从而获得最佳的规划与设计方案。但是，对于一些复杂的问题，建立合理的数学模型非常困难，求解也很不易。因此，在物流系统网络规划与设计中，不仅需要掌握物流系统的知识，还要有很强的数学

---

① 德尔菲法，也称专家调查法，1946 年由美国兰德公司创始实行，其本质上是一种反馈匿名函询法。

和计算机功底，这也是解析法在实际应用中受到限制的原因。

3. 模拟法

物流系统网络规划与设计中的模拟法是指对实际问题以数学方程和逻辑语言作出对物流系统的数学表述，在计算机的帮助下，通过模拟计算和逻辑推理确定最佳设计方案。解析模型寻求的是最佳的仓库数量、最佳的位置、最佳的仓库规模等，而模拟模型试图在给定多个方案的条件下反复使用模型找出最优的网络设计方法，分析结果的质量和效率取决于使用者选择分析时的技巧和洞察力。因此，使用模拟法的效果，取决于分析者预定的组合方案是否接近最佳方案，这也是该方法的不足之处。

4. 启发式方法

启发式方法是一种逐次逼近最优解的方法，是相对模拟方法而言的。这种方法要求对所求的解进行反复判断、修正，直到满意为止。它有助于问题的缩减，使得管理规模清晰，方案组合个数减少，并能在各种方案中进行自动搜寻，以发现更好的解决方案。虽然启发式方法不能保证一定能得到最优解，但只要进行适当处理，还是可以得到令决策者满意的近似最优解。

物流系统网络规划与设计的各种方法的适用范围和解法不同，所以模型也不尽相同，但都需要技术人员分析、研究，从而得出更有价值的结果，帮助管理层作出更好的决策。

二、物流网络的组织设计

（一）物流系统网络组织设计的原则

在组织建立物流系统网络的过程中，应从具体情况出发，根据物流系统管理的总体需要，遵循管理学中组织设计的一般原则——有效性原则、统一指挥原则、合理管理幅度原则、职责与职权对等原则、协调原则等，最终使其成为一个有秩序、高效率的物流网络组织体系。

1. 有效性原则

有效性原则是物流系统网络组织设计原则的核心，是衡量物流系统管理的总体需要。有效性原则要求物流系统网络的组织设计必须是有效率的，这种效率表现为组织内部各部门均有明确的职责范围。节约时间，节约人力，充分发挥管理人员和业务人员的积极性，使物流企业能够以最少的支出费用实现目标，使物流工作者都能在实现目标中作出贡献。

物流系统网络组织设计的成效最终表现在实现目标的总体成果上。有效性原则贯穿物流系统网络组织的动态过程，从而使得系统过程的管理效率、工作效率和信息传递效率有效合理进行。在物流系统网络组织的运行中，组织结构要反映物流管理的目标和规划，要能适应企业内部条件和外部环境的变化，也要改善物流系统网络的机构设置。所有这些选择，都要在物流组织网络中保证目标实现，有力推进物流合理化实行。

2. 统一指挥原则

统一指挥原则是建立物流管理指挥系统的原则，其实质是建立物流系统网络组织的合理纵向分工，设计合理的垂直机构。

物流系统网络组织结构是企业、公司以及社会的物流管理部门，它们都有自己不同的任务和功能，为了使部门协调一致，更好地完成物流管理任务，必须遵循统一指挥原则，实现责任与权限的一体化，使物流系统网络组织成为有命令权的组织。

在统一指挥原则下，一般形成三级物流管理层次：战略层、决策层和作业层。战略层的任务是根据社会经济和企业发展的总体战略需要，在信息的支持下，研究确定物流规划的长期发展战略；决策层则要求物流企业把主要精力放在物流战略和策略的可选方案的筛选上，根据成本-效益准则，鉴别或评估车辆调配计划、存货管理、仓储设施配备与选址方案等；作业层是指日常物流管理与交易业务的活动，主要有以下几个方面：

（1）订货管理：主要处理各货主或销售网点的订货或购买需求，如合同管理、制定供货计划等。

（2）仓储管理：主要负责货物的验收、库存的分配、库存量查询以及库存优化管理等。

（3）配送管理：针对供货的需求，确定配送公司（车辆、人员）和配送路线，实现最佳配载等。

（4）财务管理：处理与物流企业相关的各项收入和支出的结算、财务状况的统计及查询等。

（5）车货动态控制：主要负责车辆和货物运输过程中的查询与调度管理、突发事件的处理等。

这种管理层次的划分，体现了纵向指挥系统的分工和分权原则。物流系统网络组织层次的合理划分，是形成强有力的物流管理指挥体系的前提。

3. 合理管理幅度原则

合理管理幅度是指在一个组织结构中，管理者能够直接而有效地管理其下属的可能人数及业务范围，表现为管理组织的水平状态和组织内部的横向分工。管理幅度与管理层次密切相关，管理幅度大可以减少管理层次，反之则要增加管理层次。

管理幅度的大小涉及很多因素，如管理者及下属人员的素质、管理活动的复杂程度、管理机构各部门在空间上的分散程度等。管理幅度原则要求适当划分物流管理层次，精简结构；另一方面要求适当确定每一层次管理者的管辖范围，保证管理的直接有效性。

4. 职责与职权对等原则

在管理组织的纵向环节和横向环节中，都必须贯彻职责与职权的对等原则，其实质在于建立物流网络组织职责。职责与职权应是相应的；高层领导担任决策责任，必须有较大的物流决策权；中层领导承担执行任务的监督责任，要有监督和执行的权利。要贯彻权责对等的原则，就应在分配任务的同时，授予相应的职权，以便有效率、有效益地实现目标。

5. 协调原则

协调原则是指对管理组织中的一定职位的职责与具体任务要协调，不同职位的职能要协调，不同职位的任务要协调。物流管理各层次之间的协调有纵向协调、物流系统各职能要素的横向协调和各部门之间的横向协调。在物流系统网络组织中，横向协调更为重要，因此要采取更好的措施，以求改善。具体如下：

（1）建立职能管理横向工作流程，使业务管理工作标准化；

（2）将职能相近的部门组织成系统，如供、运、需一体化；

（3）建立横向综合管理机构。

（二）物流系统网络组织的模式

伴随着物流组织的演变，物流系统网络组织结构呈现出相应的典型模式。一些人将企业组织结构变化与物流管理、供应链管理等联系起来，对美国企业物流管理组织的变化总结了几种典型模式，并根据物流组织机构的时间发展顺序，提出了传统物流管理组织结构、简单功能集合的物流组织形式、物流管理功能更独立的组织形式和功能一体化物流组织形式四种模式，目前正朝着这个基于动态的流程再造的物流管理组织方向发展。

1. 功能一体化物流系统网络组织

所谓功能一体化物流系统网络组织，即在一个高层物流经理的领导下，统一所有的物流功能和运作，将采购、存储、配送等物流的每一个领域组合构成一体化运作的组织单元，形成总的企业内部一体化物流框架。这种功能一体化的网络组织结构，一方面强调了物流资源计划对企业内部快运一体化的重要作用，另一方面强调了各物流支持部门（仓储、运输、包装等）与物流运作部门（采购、物料制造和配送等）的直接沟通，各部门之间协调工作，使物流任务顺利完成，物流成本达到最低。同时，在组织的最高层次设置了计划和控制处，从总体上负责物流发展战略的定位、物流系统的优化和重组、物流成本和客户服务绩效的控制与衡量等。尽管20世纪80年代初这类物流系统网络组织已开始出现，但是由于集中化物流运作存在种种困难，并且此类组织结构本身存在着大而复杂的弊病，故其应用并不广泛。

2. 流程一体化物流系统网络组织

20世纪90年代以来，在彼得·圣吉①的学习型组织理论以及迈克尔·哈默②和詹姆斯·钱皮③的企业流程再造理论的影响与指导下，扁平化、流程再造和团队的思想被越来越多的企业理解并接受，企业的组织进入了一个重组的时代。物流管理也由重视功能转变为重视流程，通过管理流程而非功能提高，物流效率成为整合物流的核心。物流组织不再局限于功能集合，开始由功能一体化的垂直层次结构转向以流程为导向的水平结构，由纵向一体化向横向一体化转变，由内部一体化向外部一体化转变。矩阵型、团队型、联盟型等物流组织形式就是在以流程一体化为导向的前提下发展起来的，并且已经成为欧美企业物流组织的发展趋势。

3. 虚拟化物流系统网络组织

虚拟化物流系统网络组织实际上是一种非正式的、松散的、暂时性的组织形式，它突破原有物流组织的界限，依靠发达的信息及网络技术，通过整合各成员的资源、技术、客户等，实行统一、协调的快运运作，以最小的组织来实现最大的物流功能和最低的物流成本。网络化物流组织是将单个实体或虚拟物流组织以网络的形式紧密地联合在一起，它是以联合物流专业化资产，共享物流过程控制和完成共同物流目的为基本特性的组织管理形式。20世纪90年代中期以后，信息和网络技术的快速发展，为虚拟与网络化物流组织的产生和发展提供了外部环境。特别是在企业引入了供应链管理的理念后，物流从单个企业扩展到供应链上的所有企业，虚拟与网络化物流组织将可能成为更加有效的物流组织运作形式。就目前而言，企业对此类组织形式的应用探索才刚刚开始。

4. “枢纽-辐射式”物流系统网络组织

项目管理思想应用在快运组织设计时，组织结构呈现“枢纽-辐射式”，实际上这就是一体化经营管理模式（只有一个指挥中心，其他都是操作点）。从实践上讲，现代物流需要一个统一的指挥中心、多个操作中心的运作模式，因为有效控制是现代物流的保证。

---

① 彼得·圣吉是美国麻省理工学院（MIT）斯隆管理学院资深教授，国际组织学习协会（SoL）创始人、主席，1947年出生于芝加哥。

② 迈克尔·哈默（Michael Hammer，1948.4.13—2008.9.3）：企业再造之父，20世纪90年代四位最杰出的管理思想家之一。

③ 詹姆斯·钱皮是公认的研究业务重组（business reengineeing）、组织变革（organizational change）和企业复兴（corporate renewal）等管理问题的世界权威。

这些组织形式在不同场合下对快递的作用都有一定的差异，需要的是合理安排，根据物流系统网络组织的实际需要，配送不同的运输组织，以此实现物流效果的最大化。

三、区域物流系统网络规划与设计

（一）区域物流系统网络概述

区域物流系统网络是由各级物流节点、连线及其所属的经济“组织”构成的相互联系、相互作用的系统结构形式。其中“节点”是指各级物流中心，“连线”是指由交通、通信干线连接起来的基础设施束，“组织”是指物流企业、物流市场、物流咨询机构和地方政府。在区域物流系统网络的形成过程中，在各种“组织”的协调运作下，社会经济要素（产品、信息、技术、人才、金融等）在“节点”上集聚，并由线状基础设施联系在一起形成“轴线”。

（二）区域物流系统网络的空间结构形态

1. 空间结构形态

由于不同地区的地理基础及经济发展特点的差异，区域物流系统网络在形成过程中具有不同的内在动力、形势及不同的等级和规模；在不同的社会经济发展阶段下，区域物流系统网络的空间结构呈现出不同的形态。根据东北师范大学陈才教授对区域经济地理学的研究，区域物流系统网络的空间结构大致可以分为放射状网络、扇形网络、轴带网络、环状与“一”字形网络等形态，如图 5-6、表 5-2 所示。

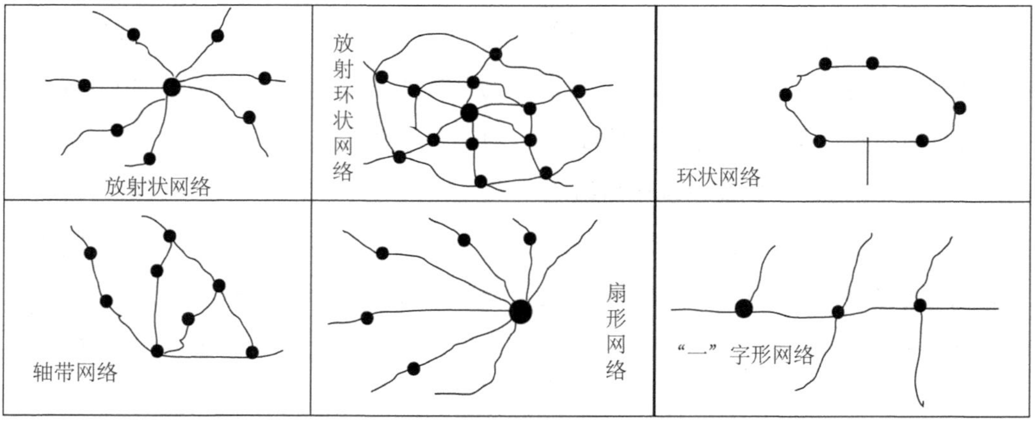

图 5-6 区域物流系统网络空间结构示意图

表 5-2 区域物流系统网络空间结构形态分析

结构形态	结构模式	结构特征
放射状网络	集聚点为重要枢纽，由此向外延伸多条交通线	① 放射状中心形成大都市 ② 网络密度与大都市规模作用正相关 ③ 网络上形成中小城市
扇形网络	以港口为枢纽，由此向外	① 网络密度与大都市发展规模正相关 ② 港口及辐射地区易形成城市群
轴带网络	以骨干交通线为主轴交织成网	① 扩展成轴和交线 ② 易形成城市经济带或产业带
环状与“一”字形网络	主要交通干线呈环形和“一”字形	区域自然环境和区位条件制约网络的基础设施建设

2. 节点要素

（1）网络节点概述。

在区域物流经济分析过程中，可以将经济活动所形成的事物或现象，如物流设施、物流企业、配送中心甚至一个城市，在地图上用一个点（当要素本身的大小与其存在的空间相比可以不予考虑时，即可抽象为点）来描述。在区域物流系统网络中，节点要素一般是区域经济活动最密集、最活跃的地方，是物流经济活动的区域“集聚点”。节点以城镇为载体，其形态反映在图上即点状模式。

区域物流系统网络的节点运行状况主要取决于节点要素之间的空间相互作用，区域物流系统网络正是通过节点“磁场”和节点“磁化物”之间的磁力（集聚力和扩散力）来推动区域经济发展的。从图 5-7 可以看出，正是由于区域节点之间存在着引力场（即城市之间相互吸引、扩散）的作用，才产生功能强大的物流系统网络化空间结构。

（a）区域节点等级集聚示意；（b）区域节点等级扩散示意

图 5-7 区域节点等级

（2）网络节点等级划分。

在区域物流系统网络中，根据物流节点的物流活动范围及其对区域内外物流经济贡献的大小，可将物流节点划分为核心节点、中心节点、重要节点和普通节点四类。由此四类节点构成了区域物流系统网络的空间等级体系。

核心节点是指区域内主要铁路、公路、水路、航空等物流综合运输手段集成化的城市，具有良好的经济基础和广阔的物流腹地。

中心节点是指区域内具有良好的经济基础和优越的交通区位条件，物流发展水平较为成熟的地区或城市。

重要节点是指一般具有较优越的物流发展条件和较高的物流发展水平的地区或城市。

普通节点主要担负区域内的物流集散与中转。

3. 区位线要素

区域物流系统网络的区位线要素，是指在地域空间上具有确定线段的交通通信线路、动力和水源供应线，例如铁路、高速公路和航道等。具体的交通线路必须有一定的长度、方向和起始点，由此规定了它们的空间所处位置。根据线路的自然条件、技术装备状况以及经济运量，各种交通线路可分为若干等级，这决定了它们在区域物流系统网络中所处的地位和作用。

区域物流系统网络的线要素也可以从动态角度考察。例如交通通信干线，一方面它是物质、能量和信息等要素流动的“渠道”或“通道”，另一方面它本身也会发生扩展和分义等变化。就其要素流动的渠道而言，它具有线形、具体、高速、高效和灵活等特点，对于地域联系有着不可替代的重要作用；就其动态变化而言，随着干线实力的增强、干线动力的扩大和线路的扩展，随之产生支线，必然呈现密集“网状”扩散的运动态势。

（三）区域物流系统网络的特征

区域物流系统网络系统除了具有一般系统共有的动态性、生态性和开放性等特点外，还具有以下特征。

1. 核心是城市物流系统网络

城市是商品集散和加工的中心，物流设施和基础设施齐全，消费集中且需求量大，交通与信息技术发达，流通人力成本高，与周边地区存在不对称性。城市是整个社会物流的枢纽，它所包含的不同层次的物流节点、线路以及通信有机结合形成城市内部物流系统网络，使各种经济要素集聚和扩散，发展成为高层次的区域经济增长极。而不同城市的线路及通信有机结合，便形成了区域物流系统网络，促进区域经济要素的充分流动，加强区域内的经济联系和扩散。

在这种情况下，城市物流系统网络扮演着“中心地”或“成长极”的角色，以城市为核心的枢纽将其他地区“极化”成一个商品流通整体。城市物流经历了极核集聚形成、极核集聚扩散到网络的阶段。因此，城市物流系统网络是区域物流系统网络的核心，是维持区域物流系统网络协调运行、提供效率的动脉。国际上，这样的例子很多，如美国纽约大都市圈、日本东京大都市圈、英国伦敦大都市圈、法国巴黎大都市圈等都是以中心城市物流系练网络为核心，向周边延伸，形成分工合理、协作高效的区域物流系统网络体系。

2. 一个多层次的循环网络

区域物流系统网络是各个层次由于自然、经济、社会条件的差异，形成了不同结构、内容和特征的物流网络，并在地位与作用、结构与功能上产生等级差异。不同层次之间相互联系、相互作用，交织在一起，形成相对稳定的网络结构，并通过物流要素有机结合，从而达到降低物流成本、提高物流效率、实现较高的客户满意度、缓解交通拥堵状况、保护环境、保持生态平衡、实现经济可持续发展的目的。区域物流系统网络是由诸多节点和线路组成的网络体系，合理的区域物流系统把原来各要素之间偶然的、随机的关系变成网络成员之间稳定的、紧密的联系，从而可以降低组成要素之间的磨损和交易成本，降低用户使用网络资源和要素的成本。

3. 一个大跨度的系统

该系统一是地域跨度大，二是时间跨度大。在现代经济社会中，企业间的物流常常跨越不同的地域，这使得区域物流系统网络的地域跨度更大。另外，企业通常采取储存货物的方式解决产需之间的时间矛盾，这更使得区域物流的时间跨度加大。所以，区域物流系统网络必然是一个大跨度系统，其主要问题是管理难度较大、对信息的依赖程度较大。合理的区域物流系统网络要求利用现代化的物流设施、先进的信息网络进行协调和管理，因此相对于分散经营、功能单一、技术原始的储运业务，现代物流属于技术密集型和高附加值的高科技产业，具有资产结构高度化、技术结构高度化、劳动力高度化等特征。

（四）区域物流系统网络规划

区域物流系统网络规划是指在系统一定范围内对整个物流体系建设进行总体战略部署，它以国家、地区的经济和社会发展计划为指导，或以企业的发展战略为指导，以物流系统内的自然资源、社会资源和现有的技术经济构成为依据，考虑物流系统发展的潜力和优势，在掌握交通、仓储等物质要素的基础上，研究确定物流系统的发展方向、规模和结构，合理配置资源，统一安排交通运输、仓储等设施，使之各得其所，协调发展，获得最佳的经济效益、社会效益和生态效益，为物流运作创造最有利的环境。由于物流规划涉及面广，政策性、综合性强，因此，要善于从宏观着眼、从微观入手，运用现代科学技术手段和方法进行综合分析和论证，全面规划，统一布局，协调各方面的矛盾，使规划方案在经济上合理，在技术上先进、适应性强，在建设上现实、可行。

物流系统网络长期规划主要是解决物流基础设施和大型物流设备的建设问题，按照物流需求制定建设方案、分析方案优劣，并对规划方案的实施进行指导，从而使物流系统网络的建设满足规划需求的过程。

在区域物流系统网络规划中，学者和专家认为“交通四阶段法”是有效的。所谓“交通四阶段法”是以1962年美国芝加哥市发表的《Chicago Area Transportation Study》为标志，交通规划划分为交通发生、交通分布、交通方式划分和交通分配四个步骤。后来人们把这四阶段用到了区域网络体系中。

区域物流系统网络战略规划的流程，如图5-8所示。右边是模型，左边是由模型输出的数据及数据流向。其基本思想是：首先预测区域产生、吸引得货运量（包括进出货运量、区域内部的货运量)，再对不同运输模型所承担的货运量进行预测，得到分货种、分模式的货运量OD，进而转换为不同种类货车的OD，最后分配到不同的运输网络上，以达到优化区域物流系统网络的目的。从图中可以看出，其基本思想沿用了传统的运输规划程序，但是由于物流概念的引入和货运本身的复杂性，除了传统的“交通四阶段法”采用的模型之外，规划框架中引入了一些客运规划所没有的转换模型，比如价值-重量模型、时间分布模型和货物-车辆模型。下面，将对这几种模型、方法进行简单的介绍，包括国外的发展和应用现状。从以下的阐述可以看出在区域物流系统网络规划中，我国的研究还存在很多空白或者不完善的地方，比如模式分担模型和区域货运模型是区域物流系统网络优化最关键的模型，也是国际上的研究热点。而我国对上述两类模型的研究很少，大多沿用客运的相关模型，已很难适应物流规划发展的需要。再比如价值-重量模型、时间分布模型和货物-车辆模型在我国就鲜有研究，所以，要进一步完善我国物流规划理论，必须对这些模型进行深入、细致的研究。

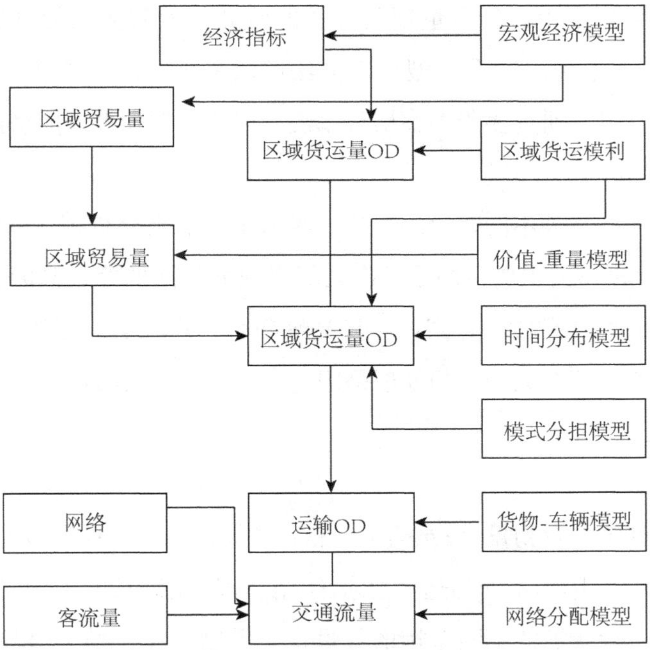

图 5-8 区域物流系统网络战略规划的流程

1. 区域货运模型

区域货运模型用于预测区域内各小区发生、吸引的货运量及其在各小区之间的分布，即包括“交通四阶段法”中的产生、吸引和分布等步骤的模型。货运需求取决于区域的经济活动，而经济活动受很多因素的影响，所以，区域货运模型的主要目的是在经济正常发展水平的前提下，预测经济和政策的变化在中长期对该区域货运需求的影响。区域货运模型关注的不是短期的需求，也不仅仅是对货运发生、吸引增长率的预测，而是描述未来产业结构的变化与货运需求的关系。

区域货运发生、吸引量的预测方法一般有趋势法、系统动态模型、Input/Output 模型和增长率模型等。趋势法有简单的增长率法和复杂的自回归法两种，经常选取的外部变量有 GDP 等，该方法由于需要的数据少、简单易行，所以得到了广泛的应用，但是趋势法无法考虑政策因素对货运量的影响，所以，一般只用于短期的预测。系统动态模型主要对一定时期内经济、土地利用、环境与货运量之间的关系进行模拟，同时，可以对货运量的分布、货运模式分担进行预测，该方法不需要大量的数据，而且模型中可以考虑诸如土地利用和政策因素等，但是，该方法很难对参数进行统计检验。Input/Output 模型（同时可以预测货物的分布）是各国货运规划最常用的模型之一，它可以考虑区域经济、政策因素等，但是需要 Input-Output 表（投入-产出表）和严格的假设。从国外的理论研究和实际应用来看，对区域货运发生、吸引量预测方法的研究并没有多大的进展，主要集中在对Input/Output 模型的改造和对原有模型标定方法的改进上。而国内在这方面的研究很少，在已发表的刊物上常见的研究多集中在增长率法、回归模型和神经网络模型之上。

2. 时间分布模型

该模型可预测不同货种不同时段的产生、吸引量，输出分货种、分时段的货运 OD 量（单位为 t）。应用该模型的主要目的是求出区域在规划年间的货运高峰量，根据规划的需求可以是区域货运的季度高峰、月高峰、日高峰和小时高峰货运量等。随着划分的细化，模型也趋于复杂，所以至今无论是国外还是国内还没有研究人员就这一问题提出完备适用的研究成果。

3. 货物-车辆模型

该模型将不同种类的货物量（t 或者 t · km）转换为不同车辆类型的货车量（辆），即运输 OD（单位为辆）。因为不同的运输要求不同的运输旅程长度和物流流程，所以货物-车辆模型处理的是货运所需的不同车辆的数量这个问题。在货物-车辆模型中，一个关键的问题是如何在模型中考虑空载率的问题；二是在进行货物-车辆的转换中如何考虑客运与货运对运输资源占用的相互制约关系。

货物-车辆模型的重要性还在于区域货运对环境影响的评价方面。因为运输（特别是公路运输）对环境的影响相对严重，所以只有计算出车辆数才能准确评价货运对环境的影响程度。

4. 模式分担模型

模式分担模型是运输规划中的关键模型之一，用于预测货运模式分担率，包括公路、铁路、航空、海运、管道和由不同运输方式组合而成的联运方式的分担率，输出分货种、分模式的货运 OD 量。如果输入的是分货种、分时段的货运 OD 量，则输出的是分货种、分时段、分模式的货运 OD 量。在货运规划中常用的模型有：弹性模型、集计分担模型、非集计模型、微观仿真模型和多模式网络模型等。弹性模型反应单一变量（比如运输费用）对模式分担的影响，主要用于粗略的预测或者在缺少数据的时候采用。集计分担模型主要有两项式和多项式 logit 模型，其使用以小区为单位的集计数据，在实际的货运规划中使用最广泛。非集计分担模型一般有多项式 logit 和树状 logit 模型，它与集计分担模型的区别在于所使用的数据的不同，20 世纪 90 年代以来，非集计分担模型成为国外货运分担模型研究和应用的主流。多模式网络模型同时进行模式分相预测和货运分配，典型的有美国的 STAN 软件包，其核心部分是运输成本函数。

5. 网络分配模型

网络分配模型和货运模式分担模型一样是货运规划中最重要的模型之一，但是在众多的网络分配模型中很少有考虑货运分配的，即使有也只是作为客运分配中的一小部分加以考虑，比如乘以一个转换系数（PCEs）。但是，20 世纪 90 年代以来，随着人们对货运越来越重视，研究人员纷纷对货运分配模型加以研究。常用到的分配模型有全无全有、随机分配法、拥挤分配法、动态分配法等。但是，这些分配方法往往只是在客运规划模型的基础上进行改进，在国外的货运规划中已很少应用，现在基本上采用美国的 STAN 货运分配软件包。

（五）区域物流系统网络构建技术

1. 构建的理论体系

区域物流系统网络中的物流线路主要由货运线路及客运线路构成，物流系统的特点决定了物流线路的结构和容量，除了具有一般交通系统的特点外，还具有自身特点。从政府的宏观角度看，区域物流线路的结构和容量必须满足地区经济发展、社会发展、环境保护、政治稳定的需要，主要是满足地区经济和社会发展的需要，其他各个目标可以在发展经济的同时通过附加约束予以实现。为了考虑问题的方便，区域物流线路网络规划可只考虑实现经济、社会发展两个子目标，即一个是为满足地区经济发展运送各种物资的基本需要，将尽可能多的物资运送到目的地，另一个是为满足地区社会快速发展的需要，必须将总的物流费用降低下来，实现整个物流系统网络的广义物流运输费用最小化。广义物流运输费用由运输时间、运输价格和运输服务质量等组成，其中主要为运输时间和运输价格两部分，其他费用将被视为在任何线路上都是相同的而不予考虑。

政府从宏观角度通过自身或政策导向使各种资金投向物流线路子系统，其决策变量为物流线路的投资，从而实现各个物流线路结构和容量的改变。自身投资为直接投资，主要通过政府财政、国债等投资；间接投资为政府通过税收等政策引导其他以营利为目的的资金投入物流线路网络中。各物流路径容量的改变、新增物流路径等直接决定了物流线路的结构和容量，从而改变了整个物流线路的运输成本、运输价格和时间。同时政府追求的目标中包含了每一条物流线路（弧）的物流量这一变量，每一条物流线路上的物流量在目前的市场经济条件下由物流企业、运输企业等追求自身广义运输成本最小化来均衡决定。

2. 物流系统网络的构建模型

在实际的物流网络中，OD 点或节点一般是分层次的，在网络实践中存在优先级。目前采用的模型普遍以系统运行总时间，即路段时间的总和为目标函数。该类模型实际上是假定各个城市具有同等的重要性，没有考虑不同城市的优先级。因此，其没有从 OD 层次性来考虑，实际上是将所有 OD 平等对待。

（1）决策变量

在物流系统网络实践中，需要解决两个问题：在哪些节点间新建物流线路和哪些节点间的物流线路需要改建或扩建，即线路容量是否需要扩容，扩容多少。实际上扩容量必须达到一定的标准，才可能进行改扩建，而且扩容量都有一定的上下限。如低于下限，表示该线路不需要进行改扩建；如超过上限，只能按最高上限进行改扩建。

（2）目标函数及约束条件

根据对网络确定的理论体系分析，首先建立上层模型。上层模型为政府从宏观角度对物流线路容量和结构进行设置的问题，其为数学规划问题。

第六章

运输系统规划与设计

现代物流在中国经济发展中占有重要地位，运输系统是物流中不可缺少的重要环节。各种运输方式提供的运输服务，都有其独特的特点和优势，也有各自的缺点，彼此之间既有竞争关系也可互相协作。

第一节　物流运输系统概述

一、运输系统分析

运输是连接生产、仓储和消费的桥梁，是货物增加空间价值的源泉。高效的运输工具是21世纪物流的脊柱。随着商业和物流的全球化，全球物流对运输的要求是运输费用和中转时间的减少，及时送达货物，并且通过多式联运实现无缝运输，降低货物延迟，减少货物的损坏和缺失，并且有助于提高其他物流环节（如储存、搬运、配送等）的服务水平。运输系统规划设计的原则是在满足运输需求（运量、距离、期限、货损、环保、安全性等）的情况下，采用尽可能经济的方式和流程。尤其是在市场化运输中，经济原则是运输系统分析的首要原则。

二、运输系统的结构与构成要素

（一）运输系统结构

运输系统结构是指由不同运输方式形成的运力结构。现代化的综合运输体系是由铁路、公路、水路、航空及管道5种运输方式和各种相应的配套设施组成的。其中管道运输是20世纪50年代石油大量开采并成为世界主要能源后发展起来的一种运输方式，主要用于运输石油、天然气，这里不做重点讲述。

表6-1 全国货物运输量（单位：万吨）

年份	货运量总计（四类）	铁路	公路	水运	民用航空
2017	4 714 806. 80	368 865	3 679 517	665 719	705. 80
2018	5 062 866. 50	402 573	3 956 871	702 684	738. 50
2019	5 347 522. 20	438 904	4 160 640	747 225	753. 20
2020	4 643 955. 60	455 236	3 426 413	761 630	676. 60
2021	5 215 901. 20	477 372	3 913 889	823 973	667. 20

表6-2 全国货物运输周转量（单位：亿吨·千米）

年份	货运量总计（四类）	铁路	公路	水运	民用航空
2017	1 641 702 798. 30	26 962. 20	667 125 057	974 549 696	1 083. 10
2018	1 703 050 300. 95	28 820. 55	712 492 119	990 528 155	1 206. 40
2019	1 788 022 490. 15	30 181. 95	748 360 663	1 039 630 352	1 293. 20
2020	1 660 094 190. 96	30 514. 46	601 718 452	1 058 344 426	798. 50
2021	1 846 685 632. 30	33 238	690 876 531	1 155 775 068	795. 30

数据来自：中华人民共和国交通运输部。①

如表6-1、表6-2所示，均为我国2017年—2021年运输系统中4种基本运输方式的运输量和运输周转量表。

从两表中可以看出，随着我国经济的持续快速发展，货运量和货运周转量都有大幅度的增长。我国的货物运输以铁路、公路和水路为主，航空运输占很小比重，但我国民用航空发展速度很快，但由于基数太小，所以运输规模仍然很小。随着我国物流业的迅速发

① 中华人民共和国运输部，运价指数。https：//www. mot. gov. cn/yunjiazhishu/.

展，特别是包裹快递业务的兴起，航空货运规模将会有更快的发展。

（二）运输系统的构成要素

1. 运输线路

运输线路是运输的基础设施，是构成运输系统最重要的元素。近 20 多年来我国运输系统中各种运输线路长度持续快速增长，特别是公路和民用航空里程增长速度最快。

2. 运输工具

运输工具是运输的主要手段，包括铁路机车、公路机动车、船舶、飞机等。随着时代的进步与发展，我国民用运输工具的增长速度很快，其中民用汽车增长的速度最快，这为发展短途运输，特别是配送业务提供了重要的物质条件。

3. 物主与运输参与者

运输是物流活动，活动的主体就是参与者，活动作用的对象是物品客体。运输必须由物主和参与者共同参与才能进行。

（1）物主。

物主是货物的所有者，包括托运人（或称委托人）和收货人，有时托运人与收货人是同一主体。托运人和收货人的共同目的是要在规定的时间内以最低的成本将物品从起始地转移到指定的地点，包括对收发货时间、转移时间、收发时间、收发地点、无丢失损坏和有关信息等方面的要求。

（2）承运人。

承运人是运输活动的承担者，他们可能是铁路货运公司、航运公司、民航货运公司、运输公司、储运公司、物流公司以及个体运输业者。承运人是受托运人或收货人的委托，按委托人的意愿以最低的成本完成委托人委托的运输任务，同时获得运输收入。承运人根据委托人的要求，合理地组织运输和配送，包括选择运输方式、确定运输线路、进行配货配载等，以降低运输成本。

（3）货运代理人。

货运代理人是根据用户的指示，并为客户的利益而揽取货物运输的人，其本人不是承运人。货运代理人把来自各种用户手中的小批量货物装运整合成大批量装载，然后利用承运人进行运输，送达目的地后，货运代理人再把该大批量装载拆分成原先较小的装运量，送往收货人。货运代理人的主要优势在于因大批量装载可以实现较低的费率，从中获取利润。货运代理人属于非作业中间商，因此，被称为无船承运人。

（4）运输经纪人。

经纪人是替托运人、收货人和承运人协调运输安排的中间商，协调的内容包括装运装载、费率谈判、结账和跟踪管理等。经纪人也属于非作业中间商。

第二节 物流运输方式选择

一、运输方式的技术经济特征

各种运输方式的技术经济特征主要包括运输速度、运输工具的容量及线路的运输能力、运输成本、经济里程、环境保护。

（一）运输速度

物流运输的产品是货物的空间位移，以什么样的速度实现货物的位移是物流运输的一个重要技术经济指标。决定各种运输方式运输速度的一个主要因素是各种运输载体能达到的最高技术速度。运输载体的最高技术速度一般受到载体运动的阻力、载体的推动技术、载体材料对速度的承受能力以及与环境有关的可操纵性等因素的制约。各种运输方式由于经济原因而采用的技术速度一般要低于最高技术速度，尤其是在经济性对速度特别敏感的水路运输方面，船舶一般都采用经济航速营运。

目前，我国各种运输方式的技术速度分别是：铁路 80～160 千米/小时，高铁 300～350 千米/小时，海运 10～25 节，河运 8～20 千米/小时，公路 80～120 千米/小时，航空 900～1 000 千米/小时。

在运输实践中，旅客和货物所能得到的服务速度是低于运输载体的技术速度的。运载工具不可能在运输的全过程中以技术速度运行，即运载工具的营运速度总是低于技术速度的。例如飞机升降作业时的减速，铁路运输在中途停站及编组，船舶在航途中的速度会受到风浪的影响，汽车在行驶途中要进行交通避让等。

就运输速度而言，航空速度最快，铁路次之，水路最慢，但在短距离的运输中，公路运输具有灵活、快捷、方便的绝对优势。

（二）运输能力

由于技术及经济的原因，各种运输方式的运载工具都有其适当的容量范围，从而决定了运输线路的运输能力。公路运输由于道路的制约，其运载工具的容量最小，通常载重量是 5~10 吨。我国一般铁路的载重量是 3 000 吨。水路运输的载重量最大，从几千吨到几十万吨的船舶都有。

（三）运输成本

物流运输成本是运输方式选择的重要因素，在运输方式的各项技术经济特征中占首要地位。物流运输成本主要由 4 项内容构成：基础设施成本、转运设备成本、营运成本和作业成本。以上 4 项成本在各种运输方式之间存在较大的差异。铁路基础设施及运转设备方面的成本比重较大。

（四）经济里程

经济性是衡量交通运输方式的重要标准。经济性是指单位运输距离所支付票款的多少（对交通需求者来说）。交通运输经济状况除了受投资额、运转额等因素影响外，主要与运输速度及运输距离有关。一般来说，运输速度与运输成本表现为正相关关系，即速度越快，成本越高。

运输的经济性与运输距离有紧密的关系。不同运输方式的运输距离与成本之间的关系有一定的差异。如铁路运输距离增加的幅度要大于成本上升的幅度，而公路则相反。从国际惯例来看，300 千米以内的运输被称为短距离运输，该距离内的客货量应尽量分流给公路运输。一般认为，在 300 千米内主要选择公路运输，300~500 千米内主要选择铁路运输，500 千米以上则选择水路运输。

（五）环境保护

运输业是产生环境污染的主要产业部门，运输业产生环境污染的直接原因有以下几个方面：

1. 空间位置的移动

在空间位置移动的过程中，移动所必需的能源消耗及产生的噪声振动、大气污染等。空间位置移动本身不仅造成环境破坏，更重要的是交通污染源扩散到其他地区，造成环境的大面积污染破坏。

2. 交通设施的建设

交通设施的建设往往破坏植被，改变自然环境条件，破坏生态环境的平衡。

3. 载运的客体

旅客运输中造成大量塑料饭盒等废弃物扔在交通沿线上，造成大量的“白色垃圾”。运输业动力装置排出来的废气是空气的主要污染源，在人口密集地区尤其严重。汽车运输排放的废气严重影响空气质量，油船溢油事故严重污染海洋，公路建设大量占用土地，对生态平衡产生不良影响，并使人类生存环境恶化。

各种运输方式的技术经济特征，如表 6-3 所示。

表 6-3　各类运输方式的技术经济特征

运输方式	技术经济特点	运输对象
铁路	初始投资大，运输量大，成本低，占用土地多，可靠性好，不易受天气因素影响	适合大型货物、大件杂货等的中长途运输
公路	各种条件下的灵活性好，适应性强，短途运输速度快，能耗大，成本低，占用土地多，空气污染严重	适合短途、零担运输，门到门运输
水路	运量大，成本低，速度慢，连续性强，基础建设投资少，能耗小，占用土地少，受自然条件影响大	适合中长途大型货物运输，海运，国际货运
航空	速度快，成本高，机动性强，初始投资低，空气和噪声污染严重	中长途及贵重货物运输，保鲜货物运输
管道	运量大，占用土地少，成本低廉，不受气候因素影响，连续性强	适合稳定的液体、气体及浆化固体物的运输

二、运输方式的合理分工与协调

（一）货物流向流量和运输路线的协调

在考虑运输方式分工时，首先必须研究国民经济对运输需求的总运量同运输通道上总运输能力是否协调。第二，要研究具体货物的流量流向同运输方式及运输路径是否协调。第三，对运输网络通道上承担运量的不同运输方式进行技术经济比较，既要对几种可能的运输方式从适应需要方面进行比较，又要从不同运输方式的物资消耗及建设投资、营运费用、货物在途时间及损耗方面进行比较。

（二）各种运输方式设备能力的协调

每种运输方式都有自己的设备特色，如铁路有编组站、线路、机车、车辆、通信设备等，水运有港口、船舶、装卸设备、堆场、仓库等。这些设备除了内部协同合作外，还要保证不同运输方式之间的设备最大可能的协调。

（三）各种运输方式组织工作的协调

运输组织工作对运输分工和运输方式选择有很大的影响。两种或者两种以上的运输工具（方式）联合完成全程运输任务时，要加强组织工作，如多式联运中各种运输方式的合理协调就非常重要。

（四）运价和运输费用的协调

运价和运输费用对货主选择运输方式至关重要。当各种运输方式的运输能力都能满足需求时，货主将从本身需要出发，如从运输速度、安全、方便、及时、运价和运输费用等方面综合考虑选择何种运输方式承运。

三、选择运输方式的影响因素

在物流运输中，如何选择适当的运输方式是物流合理化的重要问题。一般来讲，应根据物流系统要求的服务水平和可以接受的物流成本来决定，可以选择一种运输方式，也可以选择使用联运的方式。具体来说，选择适当的运输方式应对货物品种、运输成本、运输期限、运输距离、运输批量等作认真研究考虑。

（一）货物品种

保证运输的安全是选择运输方式的首要条件，它包括人身、设备和被运货物的安全等。为了保证被运货物的安全，首先应了解被运物资的特性，如重量、体积、贵重程度、内部结构及其他物理化学特性（易燃、易碎、危险性），然后选择安全可靠的运输方式。因此，货物品种对运输安全的影响很大，也是确保运输安全的主要因素。

（二）运输期限

运输期限必须与交货日期相联系，保证及时运输。必须调查各种运输工具需要的运输时间，根据运输时间来选择运输工具。运输时间的快慢顺序一般情况下依次为航空运输、汽车运输、铁路运输、船舶运输。各种运输工具可以按照它的速度来安排日期，加上它的两端及中转的作业时间，就可以计算所需要的运输时间。

物资运输在途时间和到货的准时性是衡量运输效果的另一个重要指标。运输时间的长短和到货的准确性不仅决定物资周转的快慢，而且对社会再生产的顺利进行影响较大。运输不及时，有时会给国民经济造成巨大的损失。

（三）运输成本

运输成本是指为两个地理位置间的运输所支付的款项以及与行政管理和维持运输中的存货有关的费用。运输成本因货物的种类、重量、容积、运距不同而不同，而且运输工具的不同，运输成本也会发生变化。影响物流运输成本的因素有：运输效率的高低、运输工作量的大小、运输劳动生产率水平、运输方式生产技术水平、运输工具和设备运用效能、运输管理水平等。

运输成本对运输方式选择的影响尤为明显。运输成本的构成包括：

（1）可变成本，主要指运输过程中发生的费用，随运输生产水平变化而变化，如劳动、维护、燃料成本等；

（2）固定成本，是指运输营运投资所造成的，在某时段即使运输产量为零时也会发生的成本，如运输工具的购置、运输场地、运输路线的建设等；

（3）联合成本，是指在运输过程中，由一方提供服务时所得的另一服务亦有成本。例如回程车的成本随着去程而产生，并不因回程没有载货就没有成本；

（4）公共成本，主要表现为运输过程中产生的外部成本，如运输设施对其他行业造成的便利，运输过程中对环境的污染等。

在计算运输成本时，以上四点都要考虑。

运输费用是衡量运输效果的综合标准，也是影响物流系统经济效益的主要因素，一般说来，运输费用和运输时间是一对矛盾体，速度快的运输方式一般费用较高，与此相反，费用低的运输方式速度较慢。

（四）运输距离

运输距离对运输方式选择的影响，一般情况下可以依照以下原则：300 千米以内用汽车运输；300 千米~500 千米的范围内用铁路运输；500 千米以上，用船舶运输。

（五）运输批量

与其他许多物流活动一样，大多数运输活动中存在着规模经济。每单位重量的运输成本随装载量的增加而减少。产生这种现象是，因为提取和交付活动的固定费用以及行政管理费用随运输批量的增加而被分摊，所以应尽可能使商品集中到最终消费者附近，选择合适的运输工具是降低运输成本的好办法。

综上所述，选择运输方式时，通常是在满足运输安全的前提下，衡量运输时间和运输费用，当到货时间得到满足时再考虑选择费用低的运输方式。当然计算运输费用不能单凭运输单价的高低，而应对运输过程中发生的各种费用以及对其他环节费用的影响进行综合分析。

在选择运输方式时，除了货物品种、运输成本、运输期限、运输距离、运输批量以外，还应考虑发送方式和市场因素。

不同的发送方式不仅运输费用相差较大，而且运输的安全程度和在途的时间差别也很大。如铁路运输有整列、成组、整车、零担、包裹等发送方式，成组、整车运输由于配车编组，在途停滞时间长，而零担、包裹运输费用则较高。

市场因素对运输成本的影响分为政策性市场因素和非政策性市场因素。前者指政策性市场调整的影响，如提高燃油税、道路养护费等；后者则多表现为物价变动对运输成本的影响。如运输工具价格上涨、特定运输产业的垄断等。

如欲对运输方式的选择做进一步定量分析，则应考虑不同运输工具类型所提供的服务特征，这些服务特征中最重要的是成本、速度和可靠性。因此，服务成本、平均运达时间（速度）和运达时间的变动性（可靠性）应作为运输方式选择的依据。

四、控制运输成本的主要方法

（一）选择合理的运输工具

每种类型的运输工具都有各自擅长的运输距离、运输方式和运输速度，合理选择运输工具可以最大限度地发挥运输工具的特长，同时，尽可能地降低成本。如水路运输更适合远距离运输，而快速货运则交给公路和航空运输更适合，必要的时候甚至可以考虑采用联运来进一步降低运输成本。

（二）拥有合适的工具数量

对运输企业来说，拥有保证运输业务需要的运输工具数量是必需的。同时，为了扩大运输业务和保证必要的应急需求，运输企业要有一定数量的运输工具储备，但是，运输工具的数量越大，维护、管理和场地费用就越大。所以，在保证业务的前提下，拥有数量合适的运输工具是降低运输成本的有效手段。

（三）优化仓库布局

仓储是运输过程中的重要环节，仓储费用也占据相当一部分运输成本。因此，优化仓库布局可以降低运输成本，合理的仓库布局能够减少仓库场地、管理、运营费用，尤其是智能化仓库系统的出现极大地提高了仓储效率，降低了仓储成本。

（四）推行直运战略

直运能够减少运输距离和运输过程中的中间环节，达到“门对门”运输的要求，可以有效降低运输费用，缩短运输时间。

（五）控制运输费用与货物价格比例

运输费用与货物本身价格之间的比例是运输优化设计过程中一个重要的考虑因素，过高的运输费用与货物价格的比例将削弱运输对货物空间价值的增值。对于本身价格相对较低的货物来说，运输费用过高，实际产生的空间价值会降低。在运输方式的选择中应避免采取相对货物本身价格来说过高的运输费用的运输方式。例如可以将大量廉价货物集中大批量水运，而不是选择小批量的公路运输。

（六）运输方式运力与运量保持平衡

一是运量与线路口岸通过能力的平衡。不平衡的运量与口岸通过能力会导致口岸通过能力闲置或是运输货物挤压，这两点都不可避免地降低运输效率和增加运输费用；二是运量与运输工具的平衡。运量超过运输工具的运输能力也会造成货物挤压，增加仓储成本；相反，运量低于运输工具的运输能力则会增加运输工具的营运维护开支；三是运量与能源的平衡。运量的过度必然会面临能源短缺，最终影响到运输任务的完成。同时，做好能源市场预测，制定合理的能源需求政策，也是做到运量与能源平衡的关键。

【案例 6-1】某制造商需要从两个供应商 A，B 那里购买 3 000 个配件，每个配件的单价是 100 元。目前从这两个供应商采购的数量是一样的。两个供应商都采用铁路运输，平均运送时间也相同。但如果其中一个供应商能将交付时间缩短，那么每缩短一天，制造商就会将采购订单的 5%（150 个配件）转给该供应商。如果不考虑运输成本，供应商每卖出一个配件可以获得 20%的利润。目前供应商 A 正在考虑，是否将铁路运输方式改为公路或航空运输，以获得更多的收益。各种运输方式的运输费率和运送时间，如表 6-4 所示：

表 6-4　各种运输方式的运输费率和运送时间

运输方式	运输费率/（元/个）	运达时间/天
铁路	2. 50	7
公路	6. 00	4
航空	10. 35	2

供应商 A 仅根据可能得到的潜在利润选择运输方式。供应商 A 从自身的角度列出了使用不同运输方式可获得的利润，如表 6-5 所示：

表 6-5　供应商 A 使用不同运输方式的利润比较表

运输方式	配件销售量/个	毛利/元	运输成本/元	净利润/元
铁路	1 500	30 000. 00	-3 750. 00	26 250. 00
公路	1 950	39 000. 00	-11 700. 00	27 300. 00
航空	2 250	45 000. 00	-23 287. 50	21 712. 50

如表 6-5 所示，供应商 A 应该选择公路运输方式。同时，供应商 A 要密切注意供应商 B 可能做出的竞争反应行为，如果出现这种情况，则供应商 A 获得的利益将削弱，甚至化为泡影。

对于运输方式的选择，不仅要考虑运输服务的直接成本，而且还要考虑运输方式对库存成本和运输绩效（时效性、可靠性）对物流渠道成员购买选择的影响。除此之外，还有其他一些因素需要考虑，其中有些因素是决策者不能控制的。

（1）如果供应商和买方对彼此的成本有一定了解，将会促进双方有效合作。但供应商和买方如果是相互独立的法律实体，二者之间若没有某种形式的信息交流，双方就很难获得完全的成本信息。在任何情况下，合作都应该朝着密切关注对方对运输服务选择的反应或对方购买量变化的方向发展。

（2）如果分拨渠道中有相互竞争的供应商，买方和供应商都应该采取合理的行动来平衡运输成本和运输服务水平，以获得最佳收益。

（3）运输方式变化对价格的影响。假如供应商提供的运输服务优于竞争对手，他很可能会提高产品的价格来补偿（至少是部分补偿）增加的成本。因此，买方在决定是否购买时应同时考虑产品价格和运输绩效。

（4）运输费率、产品种类、库存成本的变化和竞争对手可能采取的反击措施都增加了问题的动态因素。

【案例 6-2】某公司的分拨计划是将成品从工厂运往公司自有基层仓库。目前使用铁路运输，将东海岸工厂的成品运往西海岸的仓库。铁路运输的平均时间为 $T=21$ 天，每个存储点平均储存 100 000 件产品，每件产品的平均价格为 $C=30$ 元，库存成本为 $I=30\%/$年。公司希望选择总成本最小的运输方式。据估计，运输时间从目前的 21 天每减少一天，库存水平可以减少 1%。每年西海岸仓库卖出 $D=700\ 000$ 件产品。公司可以利用的运输服务，如表 6-6 所示：

表 6-6　各种运输服务的有关参数

运输方式	运输费率 R/（元/件）	运达时间 T/天	每年运输批次	平均存货量 $Q/2$/件
铁路	0.10	21	10	100 000
驮背运输	0.15	14	20	50 000×0.93
卡车	0.20	5	20	50 000×0.84
航空	1.40	2	40	25 000×0.81

选择不同的运输方式将影响货物的在途时间。在途货物可以用年需求量 D 的一定比例（$T/365$）表示，因此，在途库存的持有成本为 $ICDT/365$。

分拨渠道两端的平均库存大约是 $Q/2$，单位货物的库存成本为 IC，但是产品价值 C 在分拨渠道的不同地点是不同的。例如，在工厂 C 是产品的出厂价格，在仓库，C 是产品的出厂价格加上运输费用。运输服务方案的比选表，如表 6-7 所示。

表 6-7　运输服务方案比选表

	运输	在途存货	工厂存货	包库存货	总成本
铁路	0.10×700 000 =70 000	$\frac{(0.30\times30\times700\,000\times21)}{365}$ = 363 465	(0.30×30×100 000) =900 000	(0.30×30.1×100 000) =903 000	2 235 465
驮背运输	0.15×70 000 =105 000	$\frac{(0.30\times30\times700\,000\times14)}{365}$ = 241 644	(0.30×30×50 000×0.93) =418 500	(0.30×30.15×500 000×0.93) =420 593	1 185 737
卡车	0.20×700 000 =140 000	$\frac{(0.30\times30\times700\,000\times5)}{365}$ = 86 301	(0.30×30×50 000×0.84) =378 000	(0.30×30.2×50 000×0.84) =380 520	984 821
航空	1.4×700 000 =980 000	$\frac{(0.30\times30\times700\,000\times2)}{365}$ = 34 521	(0.30×30×25 000×0.81) =182 250	(0.30×30.4×25 000×0.81) =190 755	1 387 526

第三节　物流运输合理化

一、不合理运输的表现形式

（一）与运输方向有关的不合理运输

1. 对流运输

对流运输是指同类或可以互相代替的货物的相向运输，它是不合理运输中最突出、最普遍的一种，它有两种表现形式：

（1）明显对流。

同类的（或可以互相代替的）货物沿着同一线路相向运输。

（2）隐蔽对流。

当同类的（或可以互相代替的）货物在不同运输方式的平行路线上或不同时间进行相反方向的运输。

倒流运输是对流运输的一种派生形式，指同一批货物或同批中的一部分货物，由发运站至目的站后，又从目的站往发运站方向运输。

2. 单程空驶

单程空驶使运输的空间价值发挥不充分，不能完全利用运输的空间价值，这也是一种常见的不合理运输方式。避免单程空驶的有效方式是制订合理的运输计划，事先规划好运输线路。做到运输往返过程中都能完成有效的运输任务。

（二）与运输距离有关的不合理运输

1. 迂回运输

由于物流网的纵横交错，在同一发站和到站之间，往往有不同的运输路径可供选择。凡不经过最短路径的绕道运输，都称为迂回运输，即平常所说的“近路不走走远路”。

2. 过远运输

这是一种舍近求远的商品运输。不就地或就近获取某种物资，却舍近求远从外地或远处运来同种物资，从而拉长运输距离，造成运力浪费。

从国民经济的观点来看，某地所缺的砖，甚至在当地简单的土窖中制造也比用铁路从数千千米、汽车从几百千米之外运来更为有利。另外，把装配好的木器和低热值的燃料（如泥煤、灰煤、石煤）进行长距离运输也是不合理的；在现实生活中，大量的日用工业品（如毛巾、牙膏、肥皂）、农副产品的远距离调运也是不合理的。

（三）与运输货物有关的不合理运输

1. 重复运输

重复运输是指同一批货物由产地运抵目的地，没经任何加工和必要的作业，也不是为联运及中转需要，又重新装运到别处的现象。它是物资流通过程中多余的中转、倒装，虚耗装卸费用，造成车船非生产性停留，增加了车船、货物作业量，延缓了流通速度，增大了货损，也增加了费用。

2. 无效运输

无效运输是指被运输的货物杂质较多（如煤炭中的矿石、原油中的水分等），使运输能力浪费于不必要的物资运输。我国每年有大批原木进行远距离的调运，但原木木材的使用率一般在70%左右，致使30%的边角废料的运输基本上是无效的。

（四）运力选择不当的不合理运输

（1）违反水路分工，弃水走陆路运输。把适合水路或水陆联运的货物改为用铁路或用公路运输，从而使水运的优势得不到充分发挥。

（2）铁路短途运输。达不到铁路的经济运行里程却选择铁路进行运输。

（3）水运的过近运输。达不到船舶的经济运行里程却选择水运进行运输。

以上对不合理物流运输的描述，主要就形式本身而言。在实际中，必须将其放在物流系统中作综合判断。如从单一角度看，避免了不合理，做到了合理，但可能会给其他物流环节带来不合理，即物流各环节的效益背反现象，因此，必须分析其具体情况，从系统的角度出发，进行综合判断。

二、影响运输合理化的外部因素

（1）政府。稳定而有效率的商品经济需要有竞争力的运输服务，与其他行业相比，许多政府更多地干预运输活动，这种干预往往采取规章制度或经济政策等形式。政府通过限制承运人所能服务的市场或确定他们所能收取的价格来规范他们的行为，政府通过支持研究开发或提供诸如公路或航空交通控制系统之类的通行权来促进运输活动。在英国和德国，政府对市场、服务和费率保持绝对的控制，这种控制使政府对地区、行业或厂商的经济成功具有举足轻重的影响。

（2）资源分布状况。我国地大物博，资源丰富，但分布不平衡，这也在很大程度上影响了运输布局的合理性，如能源工业中的煤炭和石油。目前探明储量都集中于北方各省区和西南、西北地区，而我国东南部的省区储量很小，但其工业产值却很大，这样就形成了我国煤炭、石油运输的总流向是“北煤南运”“西煤东运”“北油南运”“东油西运”的格局。因而资源的分布状况也对运输活动产生较大的影响。

（3）国民经济结构的变化。运输是生产过程的继续，它所运送的货物是工农业产品。因此，不仅工农业产品的增长速度与货运量及其增长速度成正比，而且工农业生产结构的变动也会引起货物运输结构及其增长速度的变化。

（4）运输网络布局的变化。运输线路和港站的地区分布及其运输能力，直接影响运输网络的货物吸引范围。从而影响货运量在地区上的分布与变化。如某地铁路网布局高于公路网分布密度，则铁路运量就大于公路运量，反之亦然。运输网络布局的合理化，直接影响企业运输的合理化。

（5）运输决策的参与者。运输决策的参与者主要有托运人、承运人、收货人及公众。托运人和收货人有共同的目的，就是要在规定的时间内以最低的成本将货物从起始地转移到目的地。承运人作为中间人，则期望以最低的成本完成所需的运输任务，同时获得最大的运输收入，并期望在提取和交付时间上有灵活性，以便能够使个别的装运整合成经济运输批量。公众则是最后的参与者，他们关注运输的可达性、费用和效果以及环境上和安全上的标准。公众通过按合理价格产生对周围商品的需求最终确定运输要求。显然，这些运输决策参与者的活动及决策直接影响着某一具体运输作业的合理性。

三、影响运输合理化的内部因素

（一）运输距离

在运输过程中，运输时间、货损、运费、车辆或船舶周转等运输的若干技术经济指标都与运输距离有一定的比例关系。因此，运距长短是运输是否合理的一个基本因素，缩短运距既具有宏观的社会效益，也具有微观的企业效益。

（二）运输环节

每增加一次运输，不但会增加起运的运费和总运费，而且必然要增加运输的附属活动，如装卸、包装等，各项技术经济指标也会因此下降。所以减少运输环节，尤其是同类运输工具的环节，对合理运输有促进作用。

（三）运输工具

各种运输工具都有其使用的优势领域，对运输工具进行优化选择，按运输工具的特点进行装卸运输作业，最大限度地发挥所用运输工具的作用，是运输合理化的重要一环。

（四）运输时间

运输是物流过程中需要花费较多时间的环节，尤其是远程运输。在全部物流时间中，运输时间占绝大部分，因而缩短运输时间对整个流通时间的缩短有决定性的作用。此外，运输时间短，有利于运输工具的加速周转，充分发挥运力的作用；有利于货主资金的周转；有利于运输线路通过能力的提高，对运输合理化有很大的贡献。

（四）运输费用

运费在全部物流成本中占很大比例，运费高低很大程度上决定了整个物流系统的竞争能力。降低运输费用，无论对货主企业来讲，还是对物流经营企业来讲，都是运输合理化的一个重要目标。运费也是各种合理化措施是否行之有效的最终判断依据之一。因此，在实际操作中，通常将运输费用放在首要位置来考量，在确保其他四个因素满足最低要求的情况下，尽可能降低运输费用，达到运输过程最优化。

四、运输合理化的有效措施

（一）提高运输工具实载率

实载率有两个含义：一是单车实际载重与运距之乘积和标定载重与行驶里程之乘积的比率，这在安排单车、单船运输时，是作为判断装载合理与否的重要指标；二是车船的统计指标，即一定时期内车船实际完成的物品周转量（以吨千米计）占车船载重吨位与行驶千米乘积的百分比。在计算车船行驶的千米数时，不但包括载货行驶，也包括空驶。

提高实载率的意义在于：充分利用运输工具的额定能力，减少车船空驶和不满载行驶的时间，减少浪费，从而求得运输的合理化。

当前，国内外开展的“配送”形式，优势之一就是将多家需要的物品和一家需要的多种物品实行配装，以达到容积和载重的充分合理运用，比起以往自家提货或一家送货车辆的回程空驶的状况，是运输合理化的一个进展。在铁路运输中，采用整车运输、整车拼装、整车分卸及整车零卸等具体措施，都是提高实载率的有效途径。

（二）少投入，多产出

这种合理化的要点是：少投入、多产出，走高效益之路。运输的投入主要是能耗和基础设施的建设，在设施建设已定型和完成的情况下，尽量减少能源投入，是少投入的核心。做到了这点就能大大节约运费，降低单位物品的运输成本，达到合理化的目的。

国内外在这方面的有效措施有以下几种：

1. “满载超轴”

我国在客运紧张时，采取加长列车、多挂车皮的办法，在不增加机车情况下增加运输量。

2. 水运拖排和拖带法

竹、木等物品的运输，可不用运输工具载运，而是利用竹、木本身浮力，采取拖带法运输，能节省工具本身的动力消耗，从而求得运输合理；将无动力驳船编成一定队形，一般是“纵列”，用拖轮拖带行驶，有比船舶载乘运量大的优点。

3. 顶推法

这是我国内河货运采取的一种有效方法，将内河驳船编成一定队形，由机动船顶推前进。其优点是航行阻力小，顶推量大，速度较快，运输成本低。

4. 汽车挂车法

这种方法的原理与船舶拖带、火车加挂基本相同，都是在充分利用动力的基础上，增加运输能力。

（三）发展社会化运输体系

运输社会化的含义是发展运输的大生产优势，实行专业分工，打破一家一户自成运输体系的状况。

一家一户的运输小生产，车辆自有，自我服务，不能形成规模。且运量需求有限，难于自我调剂，因而容易出现空驶、运力选择不当（因为运输工具有限，选择范围太窄）、不能满载等浪费现象，且配套的接发货设施、装卸搬运设施也很难有效运行，所以浪费很大。实行运输社会化，可以统一安排运输工具。避免对流、倒流、空驶、运力不当等多种不合理形式。

目前，铁路运输的社会运输体系已较完善，而在公路运输中，小生产作业方式非常普遍，是发展社会化运输体系的重点。

社会化运输体系中，各种联运体系是水平较高的方式。联运方式充分利用面向社会的各种运输系统，实行一票到底的运输方式，有效打破一家一户的小生产作业，受到了欢迎。

（四）尽量去发展直达运输

直达运输是追求运输合理化的重要形式，其对合理化的追求要点是通过减少中转过载换装，从而提高运输速度，节省装卸费用，降低中转货损。直达的优势尤其是在一次运输批量和客户一次需求量达到了一整车时表现最为突出。此外，在生产资料、生活资料运输中，通过直达，建立稳定的产销关系和运输系统，也有利于提高运输的计划水平，考虑用最有效的技术来实现这种稳定运输，从而大大提高运输效率。

（五）配载运输

这是充分利用运输工具载重量和容积，合理安排装载的物品及载运方法以求合理化的一种运输方式。配载运输也是提高运输工具实载率的一种有效形式。配载运输往往是轻重商品的混合配载，在以重质物品运输为主的情况下，同时搭载一些轻泡物品，如海运矿石、黄沙等重质物品，在舱面捎运木材、毛竹等；铁路运矿石、钢材等重质物品上面搭运轻泡农副产品等。在基本不增加运力投入、也不减少重质物品运量的情况下，解决了轻泡物品的搭运，因而效果显著。

（六）“四就”直拨运输

一般批量到站或到港的物品，首先要进入分配部门或批发部门的仓库，然后再按程序分拨或销售给客户。这样一来，往往出现不合理运输。“四就”直拨，首先是由管理机构预先筹划，然后就厂、就站（码头）、就库、就车（船）将物品分送给客户。

（七）发展特殊运输技术与工具

依靠科技进步是实现运输合理化的重要途径。例如专用散装及罐车解决了粉状、液态物运输损耗大、安全性差等问题；袋鼠式车皮、大型半挂车解决了大共设备整体运输问题；“滚装船”解决了车载货的运输问题；集装箱船比一般船能容纳更多的箱体；集装箱高速直达车船加快了运输速度等，都是通过运用先进的科学技术来实现合理化。①

第四节 物流运输路线优化

一、短路路程问题

运输线路的确定会直接影响到运输效果的好坏，关系到货物能否及时运到指定地点。此外，当运输费用是以吨·千米计算时，运输路线的长短就直接关系到运输费用的多少。因此，运输路线的选择是运输规划的一项重要内容。

【案例 6-3】某家运输公司签订了一项运输合同，要把 A 市的一批货物运送到 B 市，该公司根据这两个城市之间可选择的行车路线，绘制了一张公路网络图，如图 6-1 所示。图中，结点代表起点、目的地和与行车路线相交的其他城市。箭矢或称为分支，代表两个结点之间的公路，每一条公路都标明运输里程。

从图中可以看出，从 A 市出发到达 B 市，可以有很多条路线可供选择。但是如何选择运输路线，才能使总路程的长度最短？这就是运输规划中的最短路程问题。该公司的目的就是要找出 A 市到 B 市的最短路线。

① 王正．物流系统规划与设计[M]．成都：四川人民出版社，2009.

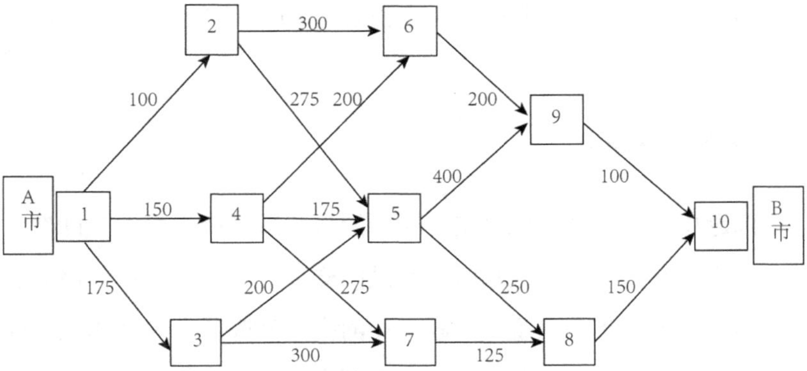

图 6-1　公路网络

解：最短路程的计算方法

（1）从终点开始逐步逆向推算，与终点 10 连接的两个结点，即 9 和 8，B 市先从 9 开始计算。9 到 10 只有一条路线，因此，没有选择的余地，9—10 就是最短的路线，它的里程为 100，记为（9—10）100。同样 8—10 也只有一条路线，最短路线为 8—10，里程为 150，也按相同方式记为（8—10）150。

（2）再看结点 6，与 6 连接的只有一个结点 9，因此，最短路线为 6—9，6 至 9 的里程为 200，而 9 至终点 10 的最短里程为 100，因此，6 至终点的最短里程为 200+100＝300。记为（6—9—10）300。用同样的方法，算出结点 2 至终点的最短里程为 600，结点 3 到终点的最短里程为 575。记为（2—6—9—10）600；（3—7—8—10）600。

（3）最后再看结点 1，与结点 1 连接的路线有 3 条：1 至 2 再到终点的最短里程为 100+600＝700，路径为 1—2—6—9—10；1 至 4 再到终点的最短里程为 150+500＝650，路径为 1—4—6—9—10；1 至 3 再到终点的最短里程为 175+575＝750，路径为 1—3—7—8—10。

三个里程中 650 最小，这就是从 A 市到 B 市的最短里程，而对应的最短路线为 1—4—6—9—10。

求解最短路程问题，也可以运用网络分析中的 Dijkstra 标号方法。

Dijkstra 算法是一种标号法，它的基本思路是从起点 V_s 出发，逐步向外探寻最短路程，执行过程中，给每一个顶点 V_j 标号（λ_j，l_j）。其中 λ_j 是正整数，它表示获得此标号的前一点的下标；l_j 表示从起点 V_s 到该点 V_j 的最短路程的权（称为固定标号，记为 P 标号）或表示从起点 V_s 到该点 V_j 的最短路的权的上界（称为临时标号，记为 T 标号）。

方法的每一步是去修改 T 标号，并且把某一个具有 T 标号的点改变为具有 P 标号的点，从而使 D 中具有 P 标号的顶点数多一个，这样至多经过 P—1 步，就可以求出从起点

V_s 到终点 V_s 及各点的最短路，再根据每一个点标号的第一个数 λ_j，反向追踪找出最短路径。

二、最小费用最大流问题

在实际运输问题中，不仅要考虑网络运输的能力，即网络的最大流问题，而且要使运输费用最小。物流中心在进行运输规划时，运送同样数量货物的方案可能有多个，那么从中寻找一个费用最小的方案是一个重要问题。在网络中完成某一项运输任务时，物流在网络中的分配不同，所花的费用也不同，如何在发挥网络最大效能的同时，实现最小的费用成本，这就是最小费用最大流问题。下面将运用网络理论来讨论物流运输作业的最小费用最大流问题。

设在网络 $D=\{V, A, C\}$ 上，其中 $V=\{V_1, V_2, \cdots, V_n\}$ 是由 n 个顶点组成的非空集合，$A\ \{a_1, a_2, \cdots, a_m\}$ 是由 m 条边组成的集合，且 A 中元素 a_i 是 V 中一个有序元素对（V_i，V_j），对于 A 中的每一条弧（V_i，V_j），对应有一个 C（V_i，V_j）$\geqslant 0$，称为弧的容量，现在每一条弧除给定容量 C_{ij} 外，还给定了单位流量的费用 b_{ij}（$b_{ij} \geqslant 0$），对于一个给定可行流 f，其相应的运输费用记为 $b(f)$，即

$$b(f) = \sum_{(V_i, V_j) \in A} b_{ij} f_{ij}$$

最小费用最大流问题就是求一个最大流 f^*，使得费用 $b(f)$ 达到最小，即

$$b(f^*) = \min_{f \in \{f_{\max}\}} b\{(f)\}$$

其中，$\{f_{\max}\}$ 表示网络 D 中所有最大流的集合。

求解最小费用最大流问题的方法很多，下面介绍一种常用的求解方法——对偶法。

对偶法的思路是首先确定网络最大流流量，然后找出最小费用流，并根据一定规则调整流量，继续找出最小费用流，直到所求最小费用流的流量就是最大流流量为止。

对偶算法调整流量的过程通过绘制增广费用网络图来实现，其绘制规则如下：

设流量 f_{ij} 是由 $V_i \rightarrow V_j$，若 $f_{ij}=0$，则增广费用网络图上的边不变，如图 6-2 所示。

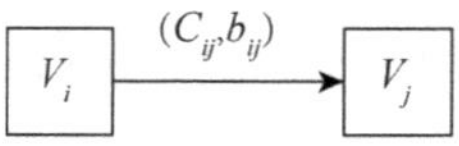

图 6-2

若 $f_{ij} < C_{ij}$，令 $C'_{ij}=C_{ij}-f_{ij}$，则增广费用网络图上的边，如图 6-3 所示。

若 $f_{ij}=C_{ij}$，则增广费用网络图上的边，如图 6-4 所示。

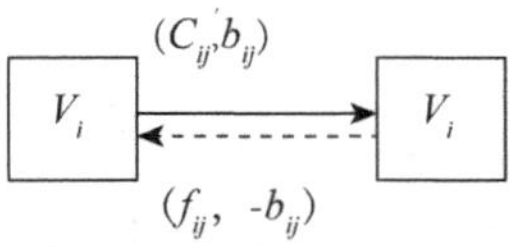

图 6-3

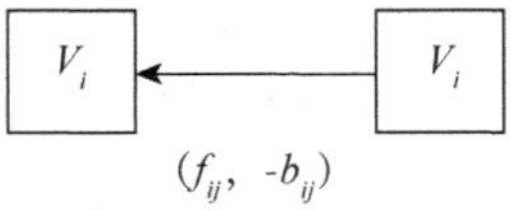

图 6-4

下面举例说明增广费用网络图的绘制及求解过程。

【案例 6-4】图 6-5 中，括号里第一个数字表示弧的容量，第二个数字表示流过此弧的单位流量的费用，试求从 V_s 至 V_t 的最小费用最大流。

解：首先求图 6-5 的最大流（f^*），并得到 $V(f^*) = 11$。然后令零流量为初始可行流，即 $f_{ij} = 0$，如图 6-6 所示。

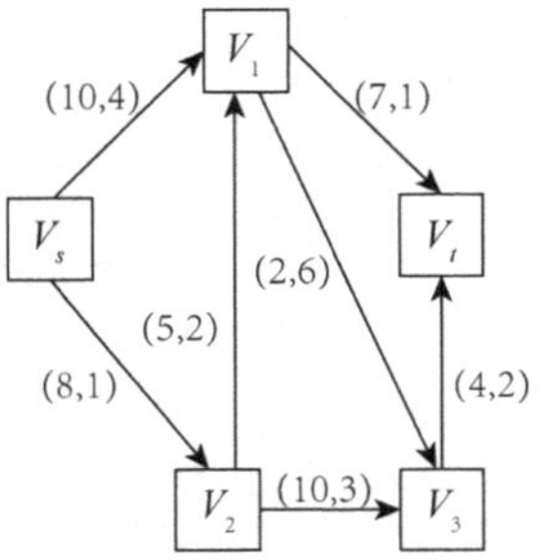

图 6-5

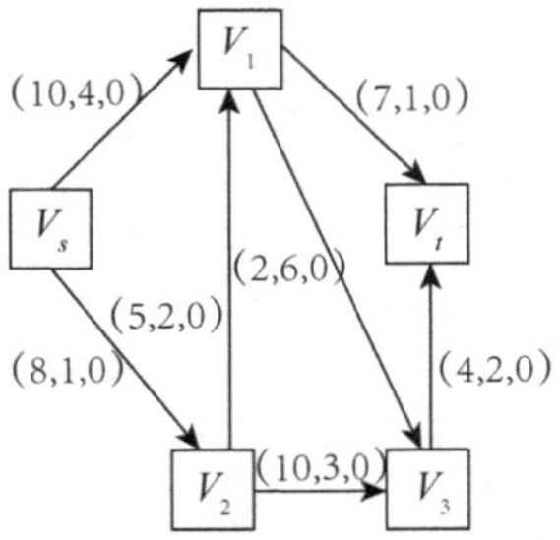

图 6-6

根据规则绘制增广费用网络图，并应用最短路求解方法，求出最小费用流。如图 6-7 所示，路线 $V_s \to V_2 \to V_1 \to V_t$ 上单位输送费用总和为 $\sum b_{ij} = 1 + 2 + 1 = 4$，而路线上 $\min\{C_{ij}\} = 5$。据此，可以调整初始可行流，如图 6-8 所示，并得到该路线上的运输总费用为 $4 \times 5 = 20$。

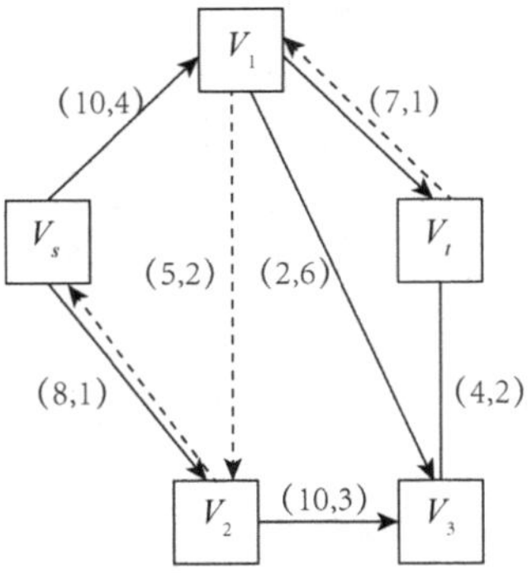

图 6-7

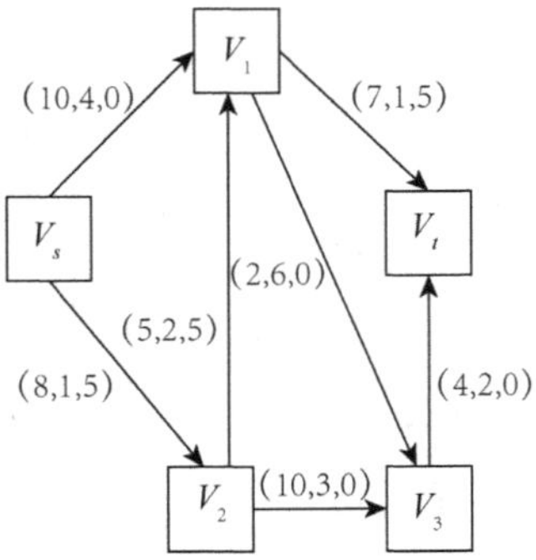

图 6-8

重新绘制增广费用网络图，如图 6-9 所示，因为 $f_{s1} = f_{23} = f_{3t} = f_{13} = 0$，故弧不变，而 $f_{s2} = 5 < C_{s2} = 8, f_{1t} = 5 < C_{1t} = 7$，故 V_s 与 V_2，V_1 与 V_t 之间都有两条弧，而 $f_{21} = C_{21} = 5$，故 V_2 与 V_1 之间只有一条弧，如图 6-9（a）所示。应用最短路方法，求出最小费用流，如图

6-9（b）所示。

重复前面的过程，如图 6-9（c）、（d）、（e）、（f）所示。

由图 6-9（f）可知，从 V_s 到 V_t 的流量等于 11，已为最大流 $V(f^*)$，故所得 $\{f_{ij}\}$ 就是最小费用最大流，其输送总费用为：

$$3\times4+8\times1+4\times2+4\times3+0\times6+7\times1+4\times2=55$$

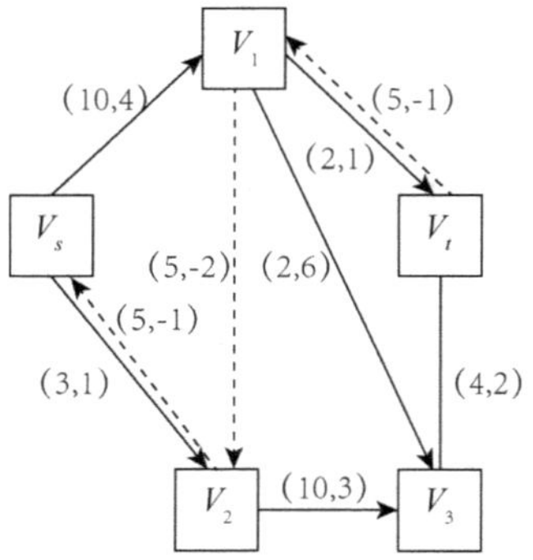

图 6-9（a）

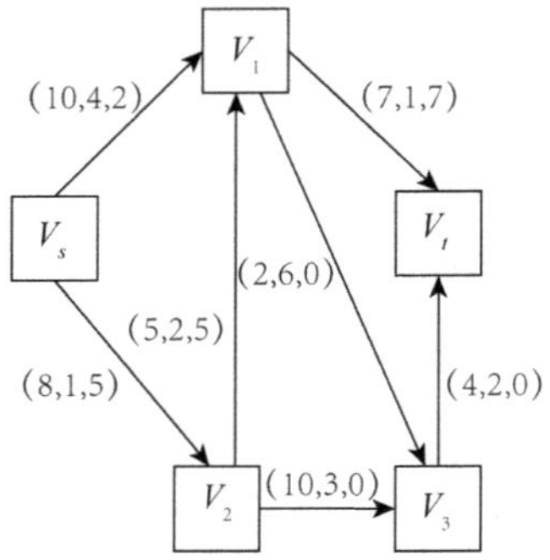

图 6-9（b）

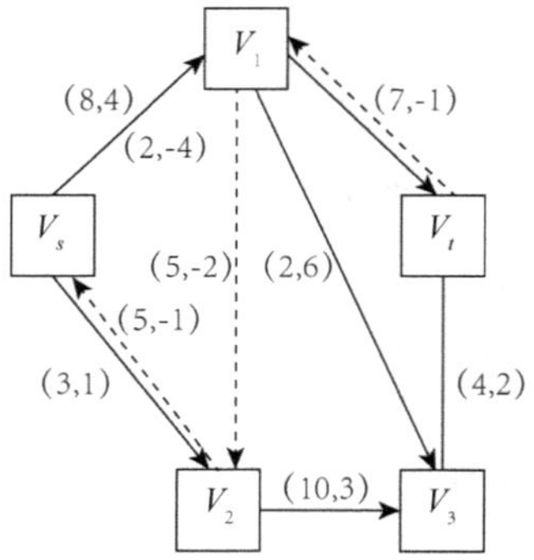

图 6-9（c）

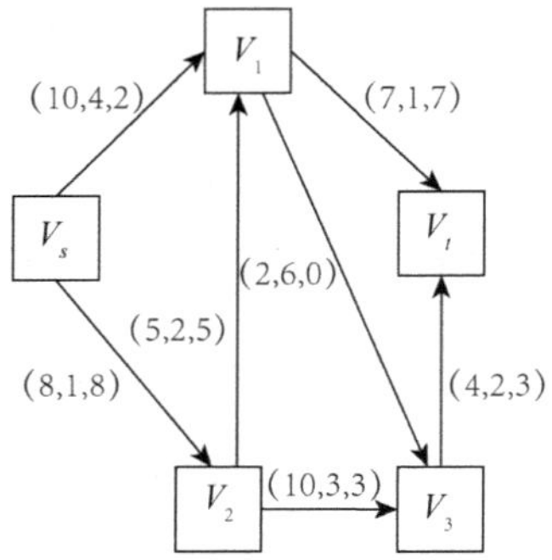

图 6-9（d）

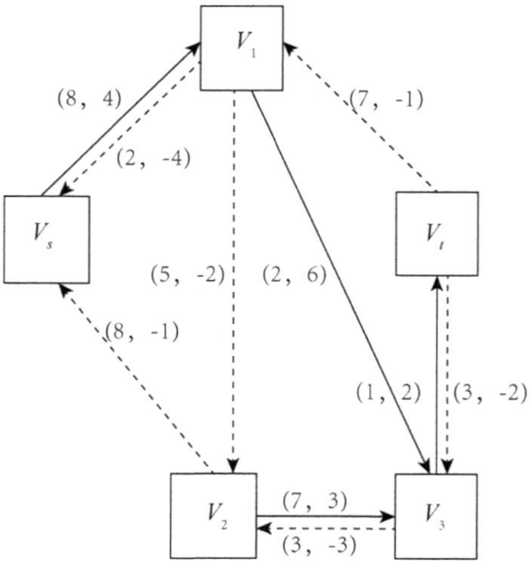

图 6-9（e）

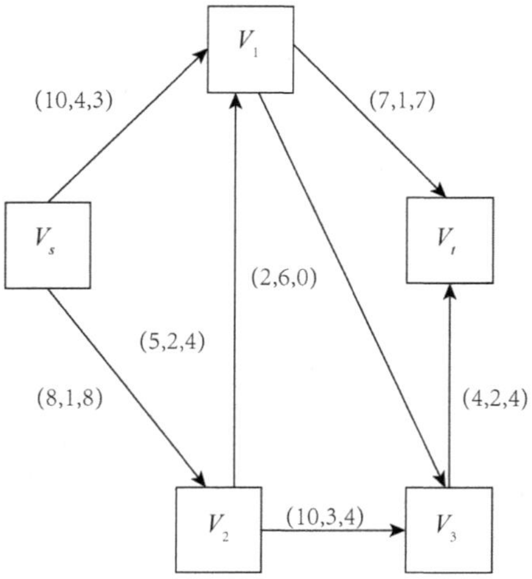

图 6-9（f）

对偶法的求解步骤可归纳如下：

（1）根据流量网络图计算最大流流量 $V(f)$ ；

（2）确定初始可行流（令零流为初始可行流）；

（3）绘制增广费用网络图，选出最小费用流（用最短路求解方法），并计算最小费用流的流量 $V(f)$ ；

（4）若 $V(f)=V(f^*)$ ，则表明已求得最小费用最大流，计算输送总费用，停止。反之即 $V(f)<V(f^*)$ ，则返回（3），继续循环。

三、直达运输优化问题

（一）运输问题及其数学模型

以最少的费用把物资从若干供应地分配到若干地区，就是运输问题。运输规划是运输作业的第一步，它的合理与否直接影响物流运作成本的高低。因此，在确定物流方案时，必须认真地筛选比较，并综合考虑各种约束条件。这里我们可以借助运筹学中的规划方法来建立运输规划模型。

典型的运输问题是：设某种物品有 m 个产地 $A_1, A_2, \cdots, A_m$ ，各产地的产量分别为 $a_1, a_2, \cdots, a_m$ ；有 n 个销地 $B_1, B_2, \cdots, B_n$ ，各销地的销量分别为 $b_1, b_2, \cdots, b_n$ 。假设从产地 A_i（$i=1, 2, \cdots, m$）向销地 B_j（$j=1, 2, \cdots, n$）运输单位物品的运价为 c_{ij}（$i=1, 2, \cdots, m$；$j=1, 2, \cdots, n$）。问怎样调运这些物品（确定从产地 A_i 到销地 B_j 的运量），才能使总运费最小？

这是有多个产地供应多个销地的单品种物品的运输问题。为直观起见，可列出该问题的运输表，如表6-8所示。表中变量 x_{ij}（$i=1, \cdots, m$，$j=1, \cdots, n$）为由产地 A_i 运往销地 B_j 的物品数量，c_{ij} 为 A_i 到 B_j 的单位运价，将其单独列入另一表中称为运价表，如表6-9所示。

表6-8 运输表

销售点 / 加工厂	B_1	B_2	…	B_n	产量
A_1	x_{11}	x_{12}	…	x_{1n}	a_1
A_2	x_{21}	x_{22}	…	x_{2n}	a_2
⋮					⋮
A_m	x_{m1}	x_{m2}	…	x_{mn}	a_m
销量	b_1	b_2	…	b_n	

表 6-9　运价表

加工厂	销售点			
	B_1	B_2	…	B_n
A_1	c_{11}	c_{12}	…	c_{1n}
A_2	c_{21}	c_{22}	…	c_{2n}
⋮				
A_m	c_{m1}	c_{m2}	…	c_{mn}

运输问题的数学模型为：

$$\min z = \sum_{i=1}^{m}\sum_{j=1}^{n} c_{ij}x_{ij}$$

$$\begin{cases} \sum_{j=1}^{n} x_{ij} = a_i,\ i = 1,\ 2,\ \cdots,\ m \\ \sum_{i=1}^{m} x_{ij} = b_j,\ j = 1,\ 2,\ \cdots,\ n \\ x_{ij} \geqslant 0,\ i = 1,\ 2,\ \cdots,\ m;\ j = 1,\ 2,\ \cdots,\ n \end{cases}$$

若约束条件右端常数 a_i 和 b_j 满足：

$$\sum_{i=1}^{m} a_i = \sum_{j=1}^{n} b_j$$

称该运输问题为产销平衡运输问题。若 $\sum_{i=1}^{m} a_i \neq \sum_{j=1}^{n} b_j$，则称为产销不平衡运输问题。这里仅讨论产销平衡运输问题的解法。产销不平衡运输问题可以化为产销平衡运输问题。

根据运输问题的数学模型求出的运输问题的解 $X=(x_{ij})$，代表一个运输方案，变量 x_{ij} 的值表示由 A_i 调运数量为 x_{ij} 的物品给 B_j。运输问题是一种线性规划问题，可用单纯形法求解。这里介绍求解运输问题的一种简便而有效的方法——表上作业法。

表上作业法的求解工作在运输表上进行。它是一种迭代方法，迭代步骤为：先按某种规则找出一个初始解（初始调运方案）；再对现行解作最优性判别；若这个解不是最优解，就在运输表上对它进行改进，得到一个新解；再判别，再改进；直至得到运输问题的最优解为止。

【案例 6-5】某公司经销某种产品。它下设 3 个加工厂，各加工厂的日产量分别是：A_1

为7吨，A_2为4吨，A_3为9吨。该公司把这些产品分别运往4个销售点，各销售点的日销量分别是：B_1为3吨，B_2为6吨，B_3为5吨，B_4为6吨。已知从各工厂到各销售点产品的单位运价表，如表6-10所示。问该公司如何调运产品，使总运输费用最少。

表6-10 单位运价表

加工厂	销售点			
	B_1	B_2	B_3	B_4
A_1	3	11	3	10
A_2	1	9	2	8
A_3	7	4	10	5

由于 $\sum_{i=1}^{3} a_i = \sum_{j=1}^{4} b_j = 20$，故这是一个产销平衡运输问题，产销平衡表，如表6-11所示。

表6-11 产销平衡表

加工厂	销售点				产量
	B_1	B_2	B_3	B_4	
A_1					7
A_2					4
A_3					9
销量	3	6	5	6	

（二）运输问题的初始基可行解

标准运输问题有（$m+n$）个约束条件和mn个变量。由 $\sum_{i=1}^{m} a_i = \sum_{j=1}^{n} b_j$ 知，在所讨论的运输问题中，其中一个约束条件是从属的，也就是只有（$m+n-1$）个独立的约束条件。因此，基可行解中基变量个数为（$m+n-1$）。

由于运输矩阵的特殊结构，如表6-10、表6-11所示，易于直接求得基初始可行解。下面介绍两种方法：最小元素法和差额法。

最小元素法同西北角法的唯一区别是基变量的标准不同。最小费用法的基本思想是就近供应，即选择具有最小运输费用的变量作为基变量。

表6-10中，最小运输费用为1，相应的变量为x_{21}。选它作为第一个基变量，并令x_{21}

$=\min(4, 3)=3$。因销售点 1 的需求已满足，于是不用再考虑第一列了。此外，工厂 2 的供应量减少到 1。下列给出了供需排列，如表 6-12 所示。

表 6-12　供需平衡表

加工厂	销售点				产量
	B_1	B_2	B_3	B_4	
A_1					7
A_2	3				1
A_3					9
销量	0	6	5	6	

在其余尚未赋值的元素中，变量 x_{23} 的费用最小，令 $x_{23}=\min(1, 5)=1$。按类似的方法进行下去，最后得到新表格，如表 6-13 所示。

表 6-13　供需平衡表

加工厂	销售点				产量
	B_1	B_2	B_3	B_4	
A_1			4	3	7
A_2	3	6			4
A_3			1	3	9
销量	3	6	5	6	

总运输费用为：$z=3\times1+1\times2+4\times3+6\times4+3\times5+3\times10=86$。

沃格尔法（差额法）最小费用法的缺点是：为了节省一处的费用，有时造成其他处要多花几倍的运费。差额法考虑到：一产地的产品如不能按最小运费就近供应，就应考虑次小运费，这就有一个差额。差额越大，说明不能按最小运费调运时，运费增加就越多。因而对差额最大处，就应当采用最小运费调运。基于此，差额法的步骤是：

第一步，在表 6-10 中分别计算各行和各列的最小运费和次小运费的差额，并填入该表的最右列和最下行，如表 6-14。

第二步，从行或列差额中选出最大者，选择它所在行或列中的最小元素。如表 6-14 所示，B_2 列是最大差额所在列。B_2 列中最小元素是 4，相应的变量为 x_{32}。选它作为第一个基变量，并令 $x_{32}=\min(9, 6)=6$。同时，划去运价表中第 2 列数字，如表 6-15、表 6-16

所示。

表 6-14 行差与列差

加工厂	销售点				行差额
	B_1	B_2	B_3	B_4	
A_1	3	11	3	10	0
A_2	1	9	2	8	1
A_3	7	4	10	5	1
列差额	2	5	1	3	

表 6-15 供需平衡表

加工厂	销售点				产量
	B_1	B_2	B_3	B_4	
A_1					7
A_2					4
A_3		6			3
销量	3	0	5	6	

表 6-16 行差与列差

加工厂	销售点				行差额
	B_1	B_2	B_3	B_4	
A_1	3	11	3	10	0
A_2	1	9	2	8	1
A_3	7	4	10	5	2
列差额	2		1	3	

第三步，对表 6-16 中未划去的元素再分别计算各行、各列的最小运费和次小运费的差额，并填入该表的最右列和最下列。

表 6-16 中，B_4 列是最大差额所在的列或行。选择 B_4 列作为最大差额者，B_4 列中最小元素 5 相应的变量为 x_{34}。选它作为基变量，并令 $x_{34}=\min(3,\ 6)=3$。同时，划去运价表中的第 3 行数字，对运价表中未划去的元素再分别计算各行、各列的最小运费和次小运费

的差额，并填入该表的最右列和最下行，如表 6-17 和表 6-18 所示。

表 6-17　供需平衡表

加工厂	销售点				产量
	B_1	B_2	B_3	B_4	
A_1					7
A_2		6		3	4
A_3					0
销量	3	0	5	3	

表 6-18　行差与列差

加工厂	销售点				产量
	B_1	B_2	B_3	B_4	
A_1	3	11	3	10	0
A_2	1	9	2	8	1
A_3	7	4	10	5	2
销量	3	5	5	2	

重复第一步、第二步，直到给出初始基可行解为止。用此法给出的初始解列于表 6-19。

表 6-19　供需平衡表

加工厂	销售点				产量
	B_1	B_2	B_3	B_4	
A_1				2	7
A_2	3	6	5	1	4
A_3				3	9
销量	3	6	5	6	

本方案总运输费用为 $z=85$，这碰巧就是最优解。一般说来，差额法得出的初始解质量最好，常用来作为运输问题最优解的近似解。

在差额法中，对于有相同最大差额的行或列可以任意挑选一个。但这对得到一个好的初始解有很大关系。如在表 6-18 中选择第 4 列代替第 1 列，就得到一个较差的初始解。

（三）解的最优性检验

得到了运输问题的初始基可行解之后，应对这个解进行最优性判别，看它是不是最优解。下面介绍常用的方法——闭回路法（cycle method）。

要判定运输问题的某个解是否为最优解，可仿照单纯形法，检验这个解的各非基变量（对应于运输表中的空格）的检验数，若某个空格的检验数为负，那么将它变为基变量将使运输费用减少，故当前解不是最优解。若所有空格的检验数全非负，则不管怎样变换解均不能使运输费用降低，即目标函数值无法改进，这个解就是最优解。[①]

现结合例题 6-5 中用最小元素法给出的初始解，说明检验数的计算方法。

为了求某个空格（非基变量）的检验数，先要找出它在运输表上的一条闭回路，这个回路的顶点，除这个空格外，其他均为填有数字的格（基变量格），它由水平线段和竖直线段依次连接这些顶点构成一封闭多边形。可以证明，每个空格都唯一存在这样的一条闭回路。

对于表 6-13 给出的初始基可行解，表 6-20 举例说明非基变量 x_{11} 的一条回路。这条回路可按基变量确定为 $x_{11} \rightarrow x_{13} \rightarrow x_{23} \rightarrow x_{21} \rightarrow x_{11}$（回路是按顺时针方向还是逆时针方向无关紧要）。表 6-20 中其余非基变量的回路由表 6-21 给出。

表 6-20 非基变量 x_{11} 的闭回路

加工厂	销售点				产量
	B_1	B_2	B_3	B_4	
A_1	x_{11}(+1)	→	4（-1）	3	7
A_2	↑	←	↓	3	4
A_3	3（-1）	6	1（+1）		9
销量	3	6	5	6	

① 王正．物流系统规划与设计[M]．成都：四川人民出版社，2009.

表 6-21　其余非基变量的回路

非基变量	相应的回路	检验数
x_{12}	$x_{12}\to x_{14}\to x_{34}\to x_{32}\to x_{12}$	$\delta_{12}=11-10+5-4=2$
x_{22}	$x_{22}\to x_{23}\to x_{13}\to x_{14}\to x_{34}\to x_{32}\to x_{22}$	$\delta_{22}=9-2+3-10+5-4=1$
x_{24}	$x_{24}\to x_{23}\to x_{13}\to x_{14}\to x_{24}$	$\delta_{24}=8-2+3-10=-1$
x_{31}	$x_{31}\to x_{21}\to x_{23}\to x_{13}\to x_{14}\to x_{34}\to x_{31}$	$\delta_{31}=7-1+2-3+10-5=10$
x_{33}	$x_{33}\to x_{13}\to x_{14}\to x_{34}\to x_{33}$	$\delta_{33}=10-3+10-5=12$

闭回路是用来检验某个非基变量在零值上增大的时候，能不能改进目标函数值。例如，如表 6-20 所示，x_{11} 增加一个单位，为了保持解的可行性，x_{11} 回路的转角点（基变量）必须调整如下：减少 x_{13} 一个单位，增加 x_{23} 一个单位，减少 x_{21} 一个单位。由此引起的总费用变化是：$c_{11}-c_{13}+c_{23}-c_{21}=3-3+2-1=1$。根据检验数的定义，它正是非基变量 x_{11} 的检验数。说明 x_{11} 每增加一个单位，将增加运输费用 1 元。按照同样的方法，可得表 6-21 其他空格的检验数（非基变量）。

由于 $\delta_{24}=-1\leqslant 0$，说明非基变量 x_{24} 每增加一个单位，将减少运输费用 1 元。故知表 6-13 中的解不是最优解。

（四）解的改进

对运输问题的一个解来说，若最优性检验时某个非基变量 x_{ij} 的检验数 δ_{ij} 为负，说明将这个非基变量变为基变量时运费会更小，因而这个解就不是最优解，还可以进一步改进。改进的方法是在运输表中找出这个空格对应的闭回路 L_{ij}，在满足所有约束条件的前提下，使 x_{ij} 尽量增大，并相应调整此闭回路上其他顶点的运输量，以得到另一个更好的基可行解。

表 6-21 中，由于 $\delta_{24}=-1\leqslant 0$，故以 x_{24} 为换入变量，它对应的闭回路的偶数顶点中，$\min\{x_{23}, x_{14}\}=\min\{1, 3\}=1$。故对应的解做以下调整：$x_{24}$ 加 1，x_{23} 减 1，x_{31} 加 1，x_{14} 减 1。得到最新的基可行解，如表 6-22 所示。原基变量 x_{23} 变为非基变量，基变量的个数仍维持为 6 个。这时目标函数值等于 86+（-1）= 85。经检验，这已经是最优解。

表 6-22 解的改进

加工厂	销售点				产量
	B_1	B_2	B_3	B_4	
A_1			5	2	7
A_2	3			1	4
A_3		6		3	9
销量	3	6	5	6	

（五）需要说明的几个问题

（1）若运输问题的某一基可行解有几个非基变量的检验数均为负，在进行迭代时，取它们中的任一变量为换入变量均可使目标函数值得到改善，但通常取 $\delta_{ij}<0$ 中最小者对应的变量为换入变量。

（2）当迭代到运输问题的最优解时，如果有某个非基变量的检验数等于零，则说明该运输问题有多重（无穷多）最优解。

四、可中转情况下的运输优化问题

（一）问题的提出

上节讨论的运输问题，都假定任意产地和销地之间都有直达路线，可直接运输物资，并且产地只输出货物；销地只输入货物，但实际情况可能更复杂一些。例如，可考虑以下更一般的情况：

（1）产地与销地之间没有直达路线，货物由产地到销地必须通过某中间站转运；

（2）某些产地既输出货物，也吸收一部分货物；某销地既吸收货物，又输出一部分货物，即产地或销地也可以起中转站的作用，或者既是产地又是销地；

（3）产地与销地之间虽然有直达路线，但直达运输的费用或运输距离分别比经过某些中转站还要高或远。

存在以上情况的运输问题，统称为转运问题。

（二）约束分析与数学模型

解决中转运输问题的思路是先把它化为无转运的平衡运输问题。为此，做如下假设：

（1）首先根据具体问题求出最大可能中转量 Q（Q 是小于总产量 $\sum_{i=1}^{m} a_i$ 的一个数）；

（2）纯中转站可视为输出量和输入量均为 Q 的一个产地和销地；

（3）兼中转站的产地 A_i 可视为一个输入量为 Q 的销地及一个产量为 a_i+Q 的产地；

（4）兼中转站的销地 B_j 可视为一个输出量为 Q 的产地及一个销量为 b_j+Q 的销地。

在此假设的基础上，列出各产地的输出量、各销地的输入量及各产销地之间的运价表，最后用表上作业法求解。

下面，设有 m 个产地 A_i，$i=1, 2, \cdots, m$，其供应量分别为 a_i，$i=1, 2, \cdots, m$，有 n 个销地 B_i，$j=1, 2, \cdots, n$，其需求量为 b_i，$j=1, 2, \cdots, n$，且 $\sum a_i=\sum b_j$，有 p 个纯中转站 T_k，$k=1, 2, \cdots, p$，单位物资的运价为 $C_{xy}(x=1, 2, \cdots, m+p+n, y=1, 2, \cdots, m+p+n)$。

中转站的产地 A_i 可视为输出量为 $\sum a_i+a_i$ 的产地；中转站的销地 B_j 可视为一个输出量为 $\sum b_j$ 的产地，一个销量为 $\sum b_i+b_i$ 的销地；纯中转站 T_k 可视为输入、输出量均为 $\sum a_i$ 的一个产地和一个销地。于是，可建立下列数学模型：

$$\min z=\sum_{x=1}^{m+n+p}\sum_{y=1}^{m+n+p}C_{xy}X_{xy}$$

$$\text{s.t.}\ \sum_{y=1}^{m+n+p}X_{xy}=\sum a_i+a_i(x=1, \cdots, m)$$

$$\sum_{y=1}^{m+n+p}X_{xy}=\sum a_i(x=m+1, \cdots, m+n+p)$$

$$\sum_{x=1}^{m+n+p}X_{xy}=\sum b_j+b_j(y=m+p+1, \cdots, m+n+p)$$

$$\sum_{x=1}^{m+n+p}X_{xy}=\sum b_j(y=1, \cdots, m+p)$$

$$X_{xy}\geqslant 0$$

（三）求解思路与算法

例如，已知某物资的产量、销量、运价如表 6-23 和表 6-24 所示。

表 6-23 产销平衡表

产地	销地				产量
	B_1	B_2	B_3	B_4	
A_1	3	11	3	10	7
A_2	1	9	2	8	4
A_3	7	4	10	5	9

续表

产地	销地				产量
	B_1	B_2	B_3	B_4	
销量	3	6	5	6	20

表 6-24 单位运价表

产地	销地			
	B_1	B_2	B_3	B_4
A_1	3	11	3	10
A_2	1	9	2	8
A_3	7	4	10	5

另外，还假定这些物资在 3 个产地之间可以互相调运，在 4 个销地之间也可以互相调运，其运价表如表 6-25 和表 6-26 所示。

表 6-25 单位运价表

产地	A_1	A_2	A_3
A_1	0	1	3
A_2	1	0	M
A_3	3	M	0

表 6-26 单位运价表

销地	B_1	B_2	B_3	B_4
B_1	0	1	4	2
B_2	1	0	2	1
B_3	4	2	0	3
B_4	2	1	3	0

另外，假定还有 4 个纯中转站 T_1、T_2、T_3、T_4，它们到各产地、各销地及中转站之间的运价，如表 6-27 所示。

表 6-27　各产地、各销地及中转站间的单位运价表

中转站	A_1	A_2	A_3	T_1	T_2	T_3	T_4	B_1	B_2	B_3	B_4
T_1	2	3	1	0	1	3	2	2	8	4	6
T_2	1	5	M	1	0	1	1	4	5	2	7
T_3	4	M	2	3	1	0	2	1	8	2	4
T_4	3	2	3	2	1	2	0	1	M	2	6

在考虑到产销地之间直接运输和非直接运转的各种可能方案的情况下，怎样将 3 个产地 A_1、A_2、A_3 所产的物资运往 4 个销地 B_1、B_2、B_3、B_4，使总运费最省。

解：从表 6-24 看出，从 A_1 到 B_2 的运费为 11，而将表 6-25 结合起来看，如从 A_1 经 A_3 运往 B_2，总运费为 3+4=7。如果再结合表 6-27 看，从 A_1 至 T_2 运往 B_2 只需 1+5=6，而再结合表 6-25 可知，从 A_1 到 B_2 运费最少的路径是从 A_1 到 A_2，最后到 B_2，其总运费只需 1+1+1=3，可见在这个问题中，从每个产地到各销地之间的运输方案是很多的，为了把这个问题仍当做一般的运输问题处理，可以这样做：

（1）由于问题中所有产地，中间转运站、销地可以既看做产地，又可以看做销地，因此，可把整个问题当做 11 个产地和 11 个销地的扩大运输问题。

（2）建立单位运价表，如表 6-28 所示。

表 6-28　单位运价表

产地	销地											产量
	A_1	A_2	A_3	T_1	T_2	T_3	T_4	B_1	B_2	B_3	B_4	
A_1	0	1	3	2	1	4	3	3	11	3	10	27
A_2	1	0	M	3	5	M	2	1	9	2	8	24
A_3	3	M	0	1	M	2	3	7	4	10	5	29
T_1	2	3	1	0	1	3	2	2	8	4	6	20
T_2	1	5	M	1	0	1	1	4	5	2	7	20
T_3	4	M	2	3	1	0	2	1	8	2	4	20
T_4	3	2	3	2	1	2	0	1	M	2	6	20
B_1	3	1	7	2	4	1	1	0	1	4	2	20
B_2	11	9	4	8	5	8	M	1	0	2	1	20
B_3	3	2	10	4	2	2	2	4	2	0	3	20

续表

产地	销地											产量
	A_1	A_2	A_3	T_1	T_2	T_3	T_4	B_1	B_2	B_3	B_4	
B_4	10	8	5	6	7	4	6	2	1	3	0	20
销量	20	20	20	20	20	20	20	23	26	25	26	

（3）所有中间转运站的产量等于销量，由于运费最少时不可能出现一批物资来回倒运的现象，所以每个转运站的转运数不超出总产量 20。因此，可以规定 4 个中转站 T_1、T_2、T_3、T_4 的产量和销量均为 20，由于实际的转运量为：

$$\sum_{j=1}^{n} X_{ij} \leqslant a_i,\quad \sum_{i=1}^{m} X_{ij} \leqslant b_j$$

可以在每个约束条件中增加一个松弛变量 X_{ij}，X_{ij} 相当于一个虚构的转运站，意义就是自己运给自己，（$20-X_{ij}$）就是每个转运站的实际转运量，X_{ij} 对应的运价 $C_{ij}=0$。

（4）在扩大的运输问题中，原来的产地与销地也有转运站的作用，所以同样在原来产量与销量的数字上加 20，那 3 个产地 A_1、A_2、A_3 的产量改为 27，24，29，销量均为 20，4 个销地 B_1、B_2、B_3、B_4 的销量改成 23、26、25、26，产量均为 20。同时，引进 X_{ij} 作为松弛变量。最后根据企业的实际情况，绘制出扩大运输问题的产销平衡表、运输表。

（5）用表上作业法求解。

第七章

物流节点规划与设计

物流系统中的节点与节点之间通过不同方式进行连接，构成了整个物流系统网络。通过物流节点和运输线路来完成整个物流系统中的活动，所以，物流节点的选址和布局在整个物流系统网络中占据着非常重要的地位。

第一节 物流节点选址规划概述

一、物流节点概述

（一）物流节点的概念

物流节点是物流系统网络中货物从供应地到需求地的流动过程中需要停靠的，承担仓储、配货、装卸搬运、分拣包装、流通加工等物流作业的地点或场所。

物流节点是物流系统的主要组成部分。物流系统中的运输活动是在运输线路上进行的，而仓储、配货、装卸搬运、分拣包装、流通加工等活动是在物流节点上完成的。确定物流节点的位置、功能和规模是物流系统功能有效发挥的保障。物流中心和配送中心是物流系统网络中的重要节点。

（二）物流节点的功能

1. 物流作业功能

物流节点的概念明确指出了物流节点的重要功能之一是进行仓储保管、货物集散、流通加工、配送等物流作业。

2. 衔接功能

物流节点不仅将各条运输线路连接成一个相互贯通的系统网络，实现多式联运、干线运输、集疏运输以及干线运输中转等功能，而且还将各种物流作业有效地联系整合，实现物流作业无缝衔接。物流节点的衔接效率将影响物流系统的效率。

3. 信息功能

物流节点是物流系统信息收集、处理和传播的集中地。每一个物流节点都是一个物流信息节点，从而组成了物流系统的信息网络。

4. 管理功能

物流系统的管理设施和机构一般集中在物流节点，物流节点的管理水平决定了物流系统运转合理化、效率化的水平。

（三）物流节点的类型

物流系统在发展过程中形成了不同类型的物流节点，物流节点以其实现的主要功能来分类，可以分为如下几种。

1. 转运型节点

转运型节点是以连接不同运输方式或以相同的运输方式为主要功能的物流节点，处于运输线路上的中转节点，如铁路货站、水运港口码头、公路货站、航空空港等。货物在这种节点的停留时间一般较短，多种运输方式的转换往往在转运型节点进行。

2. 储存型节点

储存型节点是以存放货物为主要职能的物流节点，货物在这种节点的停滞时间较长。物流系统中的各类仓库，如储备仓库、营业仓库都属于这种类型。仓库类型包括：

（1）按照技术处理方式，可分为普通仓库、冷藏仓库、恒温仓库、危险品仓库。

（2）按照结构和构造，可分为平方仓库、楼房仓库、高层货架仓库、罐式仓库、散装仓库。

（3）按照使用对象和权限，可分为自有仓库、营业仓库和公共仓库。

3. 流通型节点

流通型节点是以组织物流快速流转为主要职能的物流节点，如流通型仓库、集散中心、配送中心、物流中心和物流园区等。[①]

二、物流节点的选址

（一）物流节点选址规划的目标

1. 成本最小化

成本最小化是物流节点选址决策中最常见的目标，成本主要包括运输成本和设施成本。

（1）运输成本。

运输成本取决于运输数量、运输距离和运输价格。运输数量决定运输的规模，从而影响总运输成本，运输距离与运输成本成正比，距离越长，成本越高，运输价格则取决于运输能力和顾客需求。

（2）设施成本。

设施成本包括固定成本、存储成本和搬运成本。固定成本是不随经营活动水平而变动的成本，存储成本是随货物数量变化而变动的成本。搬运成本是随物流节点吞吐量变化的成本。

2. 物流量最大化

物流量反映了物流节点的作业能力，物流量的指标主要是吞吐量和周转量。这两个指标衡量物流节点的利用率。需要注意的是，在物流节点选址中，应以成本最小化为前提考虑物流量最大化。

3. 服务最优化

与物流节点选址决策直接相关的服务指标是送货时间、距离、速度和准时率。一般来说，物流节点离客户越近，送货速度越快，订货周期越短，准时率越高。

4. 发展潜力最大化

由于物流节点投资大，服务时间长，在选址时不仅要考虑现有条件下的成本、服务，而且要考虑将来的发展潜力，包括物流节点的可扩展性、顾客需求的增长等。

5. 综合评价目标

在物流节点选址决策中，单纯考虑成本、服务、物流量等目标可能无法满足物流系统经营的需要，这时需要对不同的目标综合考虑，采用多目标决策方法。

---

① 朱耀勤，王斌国，姜文琼．物流系统规划与设计[M]．北京：北京理工大学出版社，2017.

（二）物流节点选址的影响因素

1. 经济因素

经济因素主要是物流节点所处地区的总体经济水平、消费水平、工资水平、物流需求量，如国内生产总值、社会零售商品总额、职工平均工资、货运量、货运周转量等。经济因素反映了物流节点的物流需求量的大小，是确定节点数量和位置的基础。

2. 政策因素

政策因素主要有物流节点所在地区的区域总体规划、区域产业布局、物流业发展政策，如城市的工业、农业、商业、居住等的发展规划，又如第一、第二、第三产业和重点产业的发展规划、物流业税收和土地使用政策等。

3. 基础设施

物流节点所在区域的港口、铁路、公路和航空，以及通信等基础设施条件，如港口码头岸线长度、水深、泊位数、年吞吐量，公路交通枢纽数量和物流作业量，公路网的密度和通行能力，航空货邮年处理能力，铁路货站数量、货场面积、年收发货量，通信基站数量、网络覆盖面积等。

4. 环境因素

物流节点的选择还必须考虑环境因素：一是物流节点的建设必须平衡物流作业与环境保护的关系，二是物流活动不能干扰附近居民的生活，三是物流节点周边有可发展空间。

（三）物流节点的选址方法

1. 专家评估法

利用专家的知识和经验，对物流节点备选对象的经济、社会、交通、环保等因素进行考察，综合分析研究备选对象的可行性，确定节点地址。专家评估法包括德尔菲法、层次分析法、模糊综合评价法等。

（1）德尔菲法。

德尔菲法（Delphi Method）是在20世纪40年代由O·赫尔姆和N·达尔克首创，经过T·J·戈登和兰德公司进一步发展而成的一种方法。其实施步骤如下：

① 组成专家小组。根据物流节点类型确定交通、物流管理方面的专家，一般不超过20人。

② 向所有专家提出物流节点选址的要求，并附上有关这个问题的所有背景材料和备选地点，同时请专家提出还需要什么材料。然后，由专家作书面答复。

③ 专家根据他们所收到的材料，提出自己的选址意见，并说明是怎样利用这些材料

进行选址的。

④ 将各位专家第一次的判断意见汇总，列成图表，进行对比，再分发给各位专家，让专家比较自己同他人的不同意见，修改自己的意见和判断。也可以对各位专家的意见进行整理，或请身份更高的其他专家加以评论，然后把这些意见再分送给各位专家，以便他们参考后修改自己的意见。

⑤ 将所有专家的修改意见收集起来，汇总整理。将不同意见再次分发给各位专家，以便作第二次修改。这一过程重复进行，直到每一个专家不再改变自己的意见为止。

⑥ 对专家的最终意见进行汇总处理，得出结论。

逐轮收集意见并为专家反馈信息是德尔菲法的主要环节，一般要经过三、四轮。在向专家进行反馈的时候，只给出各种意见，但并不说明发表各种意见的专家的具体姓名。

（2）层次分析法。

层次分析法（Analytic Hierarchy Process，AHP）是 T. L. saaty 等人在 20 世纪在 70 年代提出的一种定性和定量相结合的、系统化的、层次化的分析方法。其基本原理是通过将复杂问题分解为若干个层次——目标、准则、方案等，通过逐层分析计算确定下一层次对于上一层次中的权重，将决策者的主观判断用量化的形式予以表达，从而确定最下层元素的权重，并以此进行决策分析。下面，依托【案例 7-1】说明层次分析法的基本步骤。

① 建立层次结构模型。

【案例 7-1】一物流中心在选址中考虑了经济、政策、物流基础设施、环境、用地等方面的因素，备选地点为甲、乙、丙。首先建立层次结构模型，如图 7-1 所示。

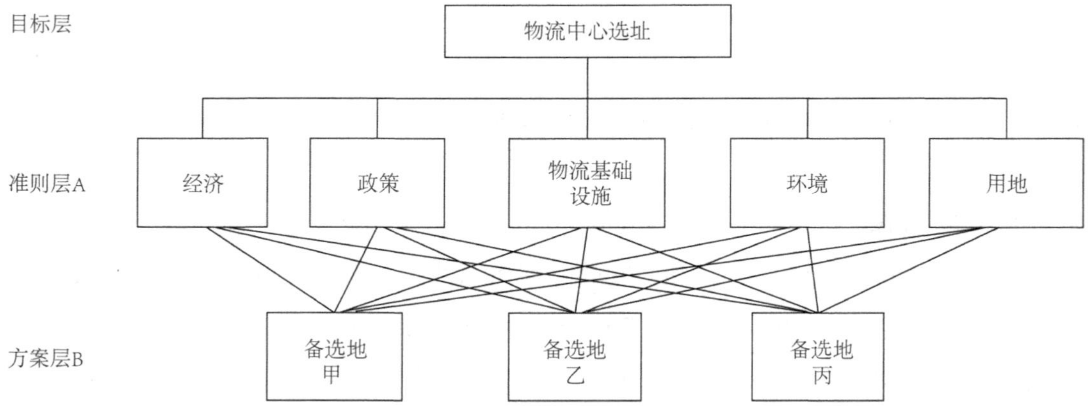

图 7-1　用层次分析法选址的层次结构

② 构造判断矩阵。

分别对准则层和方案层中各元素作两两比较的判断矩阵，如表 7-1 至表 7-6 所示。

表 7-1　准则层判断矩阵 A

	经济	政策	物流基础设施	环境	用地
经济	1	1/2	4	3	3
政策	2	1	7	5	5
物流基础设施	1/4	1/7	1	1/2	1/3
环境	1/3	1/5	2	1	1
用地	1/3	1/5	3	1	1

表 7-2　经济因素判断矩阵 D_1

	甲	乙	丙
甲	1	2	5
乙	1/2	1	2
丙	1/5	1/2	1

表 7-3　政策因素判断矩阵 D_2

	甲	乙	丙
甲	1	1/3	1/8
乙	3	1	1/3
丙	8	3	1

表 7-4　物流基础设施判断矩阵 D_3

	甲	乙	丙
甲	1	1	3
乙	1	1	3
丙	1/3	1/3	1

表 7-5　环境因素判断矩阵 D_4

	甲	乙	丙
甲	1	3	4
乙	1/3	1	1
丙	1/4	1	1

表 7-6 用地因素判断矩阵 D_5

	甲	乙	丙
甲	1	1	1/4
乙	1	1	1/4
丙	4	4	1

表 7-1 为以物流中心选址为目标的准则层 5 个因素重要性的两两比较，表 7-1 至表 7-6 是甲、乙、丙 3 个备选地分别以准则层的经济、政策、物流基础设施、环境和用地等因素考察时的重要性两两比较。

其中比较数值采用 1-9 标度法，1、3、5、7、9 分别表示矩阵中元素 i 和 j 同等重要、i 和 j 稍微重要、i 和 j 重要、i 和 j 明显重要、i 和 j 绝对重要，2、4、6、8 表示相对重要性在上述相邻等级之间，倒数表示 j 对 i 的重要性是 i 与 j 比值的倒数。

③ 一致性检验。一致性是指专家在对指标重要性进行判断时，如果各判断之间不能协调一致，则可能导致相互矛盾的结果。因此在求解实际问题时，常常需要对判断矩阵进行一致性检验。

表 7-1 中，准则层对目标层的权重，即准则层中的 5 个因素，进行物流中心选址时的重要性权重计算，计算方法如下：

a. 将矩阵 $\boldsymbol{A}$ 的每一行元素相乘并开 5 次方，其中 $n=5$。

$$\overline{\omega_i} = \sqrt[n]{\prod_{j=1}^{n} a_{ij}}$$

b. 将权重向量 $\overline{\boldsymbol{\omega}}$ 归一化，得到矩阵近似特征向量 $\boldsymbol{\omega}^{(2)} = (\omega_1, \omega_2, \cdots, \omega_n)^{\mathrm{T}}$，

$$\boldsymbol{\omega}_i = \frac{\overline{\omega_i}}{\sum_{j=1}^{n} \overline{\omega_j}}$$

其中 $n=5$。如表 7-1 所示的矩阵 $\boldsymbol{A}$，可得

$$\omega^{(2)} = (0.263, 0.475, 0.055, 0.099, 0.110)^{\mathrm{T}}。$$

c. 计算最大特征根近似值，其中 $n=5$。

$$\lambda_{\max}^{(2)} = \frac{1}{n}\sum_{i=1}^{n}\frac{(A\omega)_i}{\omega_i} = 5.073$$

d. 一致性检验指标：$\mathrm{CI}^{(2)} = \dfrac{\lambda_{\max} - n}{n-1} = \dfrac{5.073 - 5}{4} = 0.018$。

e. 平均随机一致性指标 RI 值随着矩阵阶数的增加而增加，如表 7-7 所示。

表 7-7 平均随机一致性指标值

n	1	2	3	4	5	6	7	8	9
RI	0	0	0.58	0.90	1.12	1.24	1.32	1.41	1.45

f. 一致性比率：$CR^{(2)}=\dfrac{CI^{(2)}}{RI}=0.016<0.1$。

一般认为 CR 值在 0.1 左右时，矩阵具有满意一致性。因此，矩阵 $\boldsymbol{A}$ 通过一致性检验。

同理，分别对表 7-2 至表 7-6 的矩阵 $\boldsymbol{D}_1$、$\boldsymbol{D}_2$、$\boldsymbol{D}_3$、$\boldsymbol{D}_4$、$\boldsymbol{D}_5$ 进行一致性检验，如表 7-8 所示。

表 7-8 矩阵 $\boldsymbol{D}_1$、$\boldsymbol{D}_2$、$\boldsymbol{D}_3$、$\boldsymbol{D}_4$、$\boldsymbol{D}_5$ 的一致性检验结果

参数＼矩阵	$\boldsymbol{D}_1$	$\boldsymbol{D}_2$	$\boldsymbol{D}_3$	$\boldsymbol{D}_4$	$\boldsymbol{D}_5$
$\lambda_{max}^{(3)}$	3.005	3.002	3.000	3.009	3.000
CI	0.003	0.001	0.000	0.005	0.000
CR	0.005	0.002	0.000	0.009	0.000
$\omega^{(3)}$	0.595 0.277 0.129	0.082 0.236 0.682	0.429 0.429 0.142	0.633 0.193 0.175	0.166 0.166 0.668

④ 层次总权重和总体一致性检验。

表 7-8 中，$\omega^{(3)}$ 和 $\omega^{(2)}$ 可计算出方案层的备选地点对目标层的层次总权重 $\omega^{(1)}$，即不同备选地点的重要性：$\omega^{(1)}=\omega^{(3)}\times\omega^{(2)}=(0.300,\ 0246,\ 0.456)^T$，亦即物流中心应选址在备选地点。

总体一致性检验如下：

$$CI^{(3)}=(CI_1^{(3)},CI_2^{(3)},CI_3^{(3)},CI_4^{(3)},CI_5^{(3)});$$

$$\omega^{(2)}=(0.003,\ 0.001,\ 0.000,\ 0.005,\ 0.000)(0.263,\ 0.475,\ 0.055,\ 0.099,\ 0.110)^T$$
$$=0.00176;$$

$$RI^{(3)}=(0.58,\ 0.58,\ 0.58,\ 0.58,\ 0.58)(0.263,\ 0.475,\ 0.055,\ 0.099,\ 0.110)^T$$
$$=0.58;$$

$$CR^{(3)}=\frac{CI^{(3)}}{RI^{(3)}}=\frac{0.00176}{0.58}=0.003<0.1$$，通过一致性检验。

（3）其他。

除了上述两种经常使用的专家评估方法外，还有基于模糊数学理论的模糊综合评价法、基于灰色理论的灰色聚类评价法，以及将 AHP 和聚类分析结合的评价方法等。

2. 重心法

重心法是选址问题中最常用的一种方法，主要解决区域内直线距离的单点选址问题，它将物流系统中的需求点和资源点看成分布在某一平面范围内的物流系统，将各占的需求量和资源量分别看成物体的重量，将物体系统的重心作为物流网点的最佳设置点。

（1）重心法假设。

① 需求量集中于某一点上。实际上需求来自分散于区域内的多个需求点，市场的中心通常被当作需求的聚集地。

② 选址区域不同地点物流节点的建设费用和运营费用相同。

③ 运输费用随运输距离呈线性关系，成正比增加。

④ 运输线路为空间直线。可引入迂回系数，把直线距离转化为近似的运输网络里程。

（2）待解决问题。

设有 n 个客户（收货单位）P_1，P_2，…，P_n，分布在平面上，其坐标为（x_i，y_j），客户的需求量为 ω_i，费用函数为设施（物流中心）与客户之间的直线距离乘以需求量，确定设施 P_0 的位置（x_0，y_0），使总运输费用最低。总运输费用 H 为

$$H = \sum_{i=1}^{n} \alpha_i \omega_i d_i = \sum_{i=1}^{n} \alpha_i \omega_i [(x_0 - x_i)^2 + (y_0 - y_i)^2]^{1/2}$$

其中：α_i 为物流中心到收货点 P_i 每单位量、单位距离所需运费；ω_i 为 P_i 的需求量；d_i 为 P_0 到 P_i 的直线距离。

求 H 的最小值(x_0, y_0)。

（3）计算步骤。

步骤 1：选取初始迭代点 $A(x_0^0, y_0^0)$，如 $x_0^0 = \frac{1}{n}\sum_{i=1}^{n} x_i$，$y_0^0 = \frac{1}{n}\sum_{i=1}^{n} y_i$，然后计算 A 到各个客户的直线距离 $d_i = [(x_0^0 - x_i)^2 + (y_0^0 - y_i)^2]^{1/2}$，$H^0 = \sum_{i=1}^{n} \alpha_i \omega_i d_i$。

步骤 2：调整重心，令

$$x_0^1 = \frac{\sum_{i=1}^{n} \alpha_i \omega_i \frac{x_i}{d_i}}{\sum_{i=1}^{n} \alpha_i \frac{\omega_i}{d_i}}, \quad y_0^1 = \frac{\sum_{i=1}^{n} \alpha_i \omega_i \frac{y_i}{d_i}}{\sum_{i=1}^{n} \alpha_i \frac{\omega_i}{d_i}},$$

$d_i = [(x_0^1 - x_i)^2 + (y_0^1 - y_i)^2]^{1/2}$, $H^1 = \sum_{i=1}^{n} \alpha_i \omega_i d_i$ 。

步骤 3：若 $H^0 \leqslant H^1$，运费无法减少，得到最优解（x_0^0，y_0^0）和 H^0，否则转步骤 4。

步骤 4：$x_0^0 = x_0^1$，$y_0^0 = y_0^1$，$H^0 = H^1$，转步骤 2。

3. CFLP 方法

CFLP（Capability Facility Locations Problem）方法是带容量限制的多设施选址方法。

（1）待解决问题。

某公司有 n 个销售地区，每个销售地区的需求量已知。公司决定建立若干个配送中心，经考察确认备选地点有 m 个，每个候选地点都有容量限制，并且成本固定（如建造成本或租赁成本），从 m 个备选地点中选择 k 个地点修建配送中心，使物流费用最小。

（2）建立模型。

i：配送中心备选地，$i=1$，2，3，…，m；j：销售地区，$j=1$，2，3，…，n；

k：拟建配送中心个数；D_j：销售地 j 的需求量；F_i：配送中心备选地 i 的固定成本；

W_i：配送中心的容量；C_{ij}：从配送中心备选地 i 到销售地 j 的单位运输费用；

X_{ij}：从配送中心备选地 i 到销售地 j 的运输量（决策变量）。

Y_i：配送中心备选地 i 被选中时取 1，否则为 0（0—1 决策变量）。

CFLP 数学模型如下：

$$\min z = \sum_{i=1}^{m} \sum_{j=1}^{n} C_{ij} X_{ij} + \sum_{i=1}^{m} F_i Y_i;$$

$$\text{s.t.} \sum_{i=1}^{m} X_{ij} = D_j, \ j = 1, 2, 3, \cdots, n;$$

$$\sum_{j=1}^{n} X_{ij} \leqslant W_i Y_i, \ i = 1, 2, 3, \cdots, m;$$

$$\sum_{i=1}^{m} Y_i \leqslant k, \ Y_i \in \{0, 1\}, \ X_{ij} \geqslant 0.$$

（3）求解模型。

整个问题是求解混合整数规划。小规模的可用分支定界法求解，大规模的可选择模拟退火算法、遗传算法、蚁群算法等。

4. 其他选址方法

物流节点选址方法中，比较常用的还有单节点选址的交叉中值模型法、多节点选址的多重心法、覆盖模型法、鲍摩瓦尔夫模型法等。

第二节 物流节点选址技术与方法

一、物流节点布局设计的目标和原则

（一）物流节点布局设计的目标

（1）有效利用空间设备人员和能源；

（2）最大限度地减少物流搬运；

（3）简化作业流程；

（4）缩短生产周期；

（5）使投资最少；

（6）员工工作便利、安全。

（二）物流节点布局设计的原则

（1）运用系统分析方法规划物流节点布局，使其整体最优化；

（2）物流节点布局设计必须以提高物流效率为着眼点；

（3）减少不必要的作业流程；

（4）根据明确功能合理使用土地，保护环境，安全经营。

二、物流节点布局设计的方法

（一）系统布局设计法

（1）基本原理和流程。系统布局设计法（Systematic Layout Planning，SLP）由美国学者理查德·缪瑟①提出，其基本原理如下：

第一，对不同物流作业区域之间的相互关系进行分析，包括物流和非物流的相互关系，建立物流作业区域相互关系图。

第二，根据物流作业区域相互关系图中的关系密切程度，决定各个物流作业区域之间的距离，安排各作业区域的位置，绘制位置相关图，将各个物流作业区域的实际占地面积

① 理查德·缪瑟是一位在设施规划、物料搬运及其他工业工程专业方面做出突出理论贡献的，广受尊敬的工业工程管理顾问。

与位置相关图结合，形成作业区域面积相关图，即空间关系图。

第三，对面积相关图进行修正和调整，得到若干个可行布局方案。

第四，用加权系数法建立方案质量评估数量指标，对各方案打分，得分最多者为最佳方案。①

系统布局设计法的依据和切入点包括 5 项基本要素：*P*——货物类别、*Q*——货物数量或物流量、*R*——作业流程、*S*——辅助设施、*T*——时间安排。系统布局设计法的流程，如图 7-2 所示。

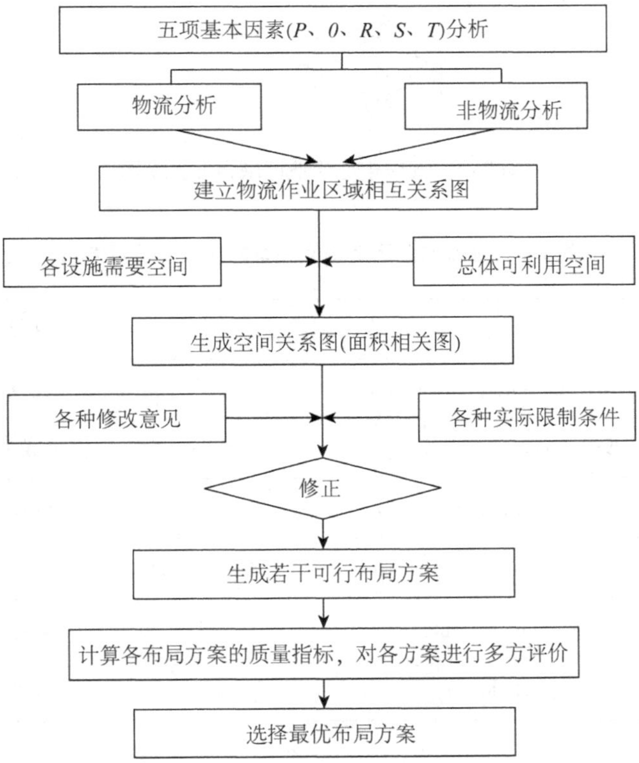

图 7-2 系统布局设计法的流程

【案例 7-2】某配送中心作业区域分为进货区、理货区、流通加工区、储存区、发货区、办公区。根据五要素分析、物流分析和非物流分析，配送中心作业流程和各作业区的作业量已知，试确定物流作业区域相互关系图，并作出配送中心布局方案。

（1）物流作业区域相互关系图。物流作业区域相互关系图是分析作业区域之间相互关系的有效工具。作业区域相互关系的密切程度可以分为 6 个等级：A、E、I、O、U、X，其含义及表示方法，如表 7-9 所示。

① 朱耀勤，王斌国，姜文琼．物流系统规划与设计[M]．北京：北京理工大学出版社，2017.

（2）根据配送中心各作业区作业的流程和作业量资料，如表 7-9 所示的规则，可绘制配送中心作业区域相互关系图，如图 7-3 所示。

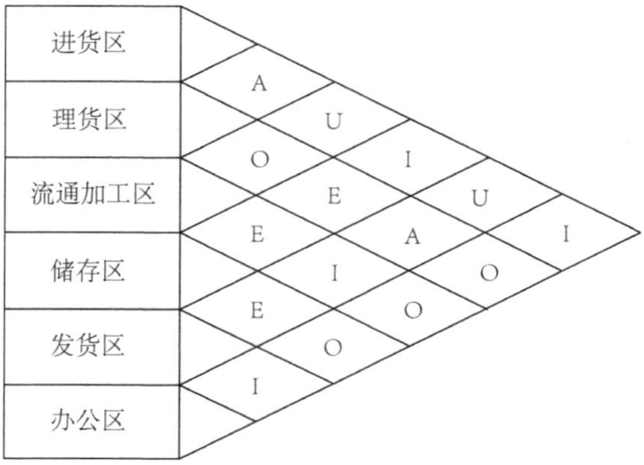

图 7-3　配送中心作业区域相互关系图

表 7-9　物流作业区域相互关系的含义及表示方法

符号	含义	线形	色彩	占有比例/%
A	绝对重要（absolutely important）	4 条平行线	红色	2~5
E	特别重要（especially important）	3 条平行线	橙色或黄色	3~10
I	重要（important）	2 条平行线	绿色	5~15
O	一般（common）	1 条平行线	蓝色	10~25
U	不重要（unimportant）	无	无色	25~60
X	禁止（forbidden）	折线	褐色	待定

（3）确定空间关系图。用表 7-9 所示的线形表示、图 7-3 所示的物流作业区域相互关系图，采用“试错法”生成空间关系图如图 7-4 所示。首先，将 A、E 级关系的作业区放进空间关系图，同级别关系用相同长度的线段表示，使 E 级关系的线段长度约为 A 级关系的线段长度的 2 倍。按同样的规则绘制 I 级关系，如果作业区域较多，线段混乱，可不必画出 O 级关系，但是 X 级关系必须表示。生成的空间关系图，如图 7-4 所示。

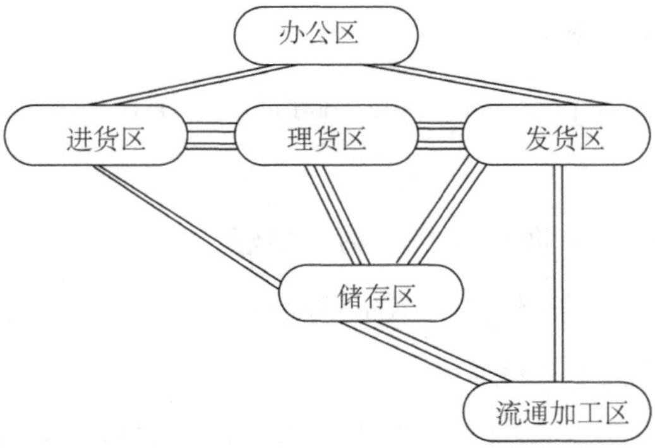

图 7-4 空间关系图

（4）形成布局方案。根据各作业区的作业量和单位货物所需面积，计算出各作业的所需面积，物流作业区域需要面积，如表 7-10 所示。

表 7-10 物流作业区需要面积

作业区	进货区	理货区	发货区	储存区	流通加工区	办公区
作业量/t	100	30	100	150	10	—
单位面积作业量/（$t \cdot m^{-2}$）	0.2	0.2	0.2	1	0.2	—
作业面积/m^2	500	150	500	150	50	150

将作业区面积加入空间关系图，形成一个配送中心布局方案，如图 7-5 所示。

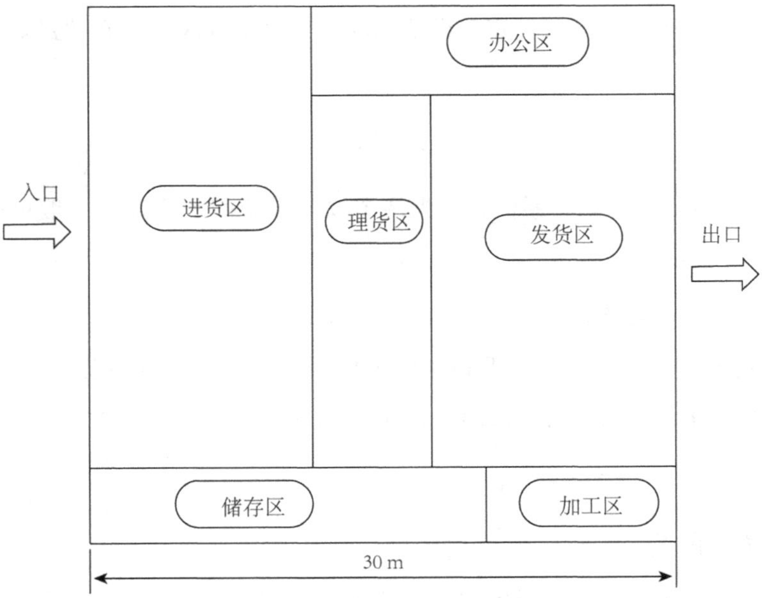

图 7-5 配送中心布局方案

（5）综合评价布局方案。依据综合评价指标，对布局方案进行评价并选择最佳方案。

（二）CORELAP 布局法

CORELAP 布局法（Computerized Relationship Layout Planning）是 Lee R. C. 和 Moore J. M 提出的优化方法。

（1）待解决问题。设一个物流节点（物流枢纽、物流中心或配送中心等）由 n 个物流设施组成，已知各物流设施的作业面积需求及各设施间的关系等级，需确定一个设施布局方案，使各设施总关系程度最优。

（2）基本思想。按照一定规则生成设施顺序矢量，依照矢量顺序逐个添加各个设施到区域中，尽量使新加入的设施与已有的设施在相对位置上保持关系最优。布局方案完成后，对其质量指标进行评估。

CORELAP 布局法的出发点是设施之间的关系图，布置的目标是实现设施之间的最大密切度。

（3）布局质量指标。首先量化两个物流设施之间的关系程度，将不同的关系等级转换成不同的关系值，关系等级越高，关系值越大。转换规则，如表 7-11 所示。

表 7-11　CORELAP 关系值转换规则

关系等级	A	B	C	D	E	F
关系值	6	5	4	3	2	1

优化目标函数值可通过计算任意两设施间的关系值乘以两设施间的最短距离的总和求得，即

$$Z = \sum_{i<j} r_{ij} d_{ij}$$

其中：r_{ij} 为两个物流设施间的关系值；d_{ij} 为两个物流设施间的距离，一般可采用设施中心的折线距离。

Z 值越小，布局方案越优。

（4）布置物流设施的顺序。利用 CORELAP 布局法选择物流设施，需根据各物流设施所有关系的总和 TCR（Total Closeness Rating）来确定：

$$\mathrm{TCR}_i = \sum_{i \neq j} r_{ij},\ i = 1,\ 2,\ \cdots,\ n$$

TCR_i 是设施 i 的关系总和。

首先，选择 TCR 最大的物流设施进入布置图，如果 TCR 最大的有多个设施，选择面积最大的设施，若仍然无法选择，则随机选取。第二个设施选择与第一个设施具有最高级别关系（A）的设施，依次选择 B 级、C 级等。如果出现多个设施为同一级别，选择这些

设施中 TCR 最大的设施先布置。注意：在布置中将设施的形状尽可能设计成正方形。

（5）相对位置的确定。生成了布置顺序后，依照顺序将设施逐个向布置图中放置。放置的原则是在所有可布置的位置中选择使进入布置图的设施与前面进入的相邻设施的关系值和 NCR（Neighbor Closeness Rating）值最大的那个位置。

【案例 7-3】设某物流中心有 5 个物流作业设施 D_1、D_2、D_3、D_4、D_5，各设施面积需求分别为 20 m²，40 m²，40 m²，60 m²，20 m²。该物流中心的货物种类共 3 种：P_1、P_2、P_3，各种货物的物流作业流程和作业量如表 7-12 所示。使用 CORELAP 布局法布置该物流中心的设施。

表 7-12　物流作业流程及作用量

货物	作业流程	作业量	单件重量
P_1	$D_1 \to D_2 \to D_5$	20	2
P_2	$D_1 \to D_2 \to D_4 \to D_5$	50	1
P_3	$D_1 \to D_3 \to D_2 \to D_5$	30	0.5

① 建立相互关系图。设 Q_{ij} 为作业设施 D_i 到 D_j 的流量，则由表 7-12 求出各作业设施间货物流量矩阵 $\boldsymbol{Q}$：

$$\boldsymbol{Q}=\begin{bmatrix} 0 & 20\times2+50\times1 & 30\times0.5 & 0 & 0 \\ 0 & 0 & 0 & 50\times1 & 20\times2+30\times0.5 \\ 0 & 30\times0.5 & 0 & 0 & 0 \\ 0 & 0 & 0 & 0 & 50\times1 \\ 0 & 0 & 0 & 0 & 0 \end{bmatrix}=\begin{bmatrix} 0 & 90 & 15 & 0 & 0 \\ 0 & 0 & 0 & 50 & 55 \\ 0 & 15 & 0 & 0 & 0 \\ 0 & 0 & 0 & 0 & 0 \\ 0 & 0 & 0 & 0 & 0 \end{bmatrix}$$

物流量和相互关系等级如表 7-13 所示。

表 7-13　物流量和相互关系等级

物流量	80~100	60~80	30~60	10~30	0~10
关系等级	A	B	C	D	E

根据表 7-13 和矩阵 $\boldsymbol{Q}$ 可得相互关系图，如图 7-6 所示。

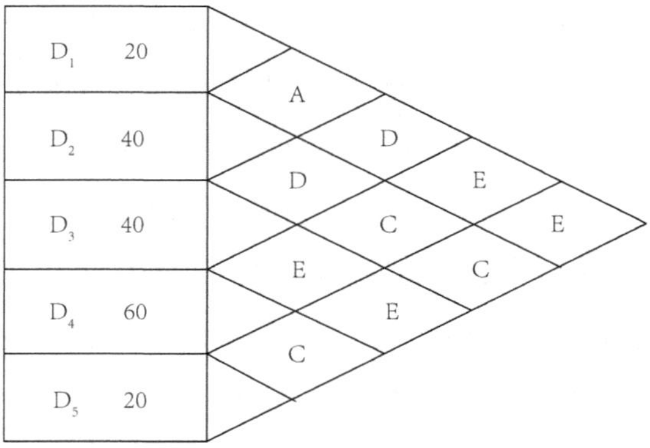

图 7-6 物流作业设施间互相关系图

② 求 TCR。根据表 7-11 和图 7-6 求得各作业设施关系值，并用式 $TCR_i = \sum_{i \neq j} r_{ij}$，$i = 1, 2, \cdots, n$ 计算 TCR，结果如表 7-14 所示。

表 7-14 物流作业设施关系值（r_{ij}）和关系总和值（TCR）

关系值	作业设施					TCR	面积/m²
	D_1	D_2	D_3	D_4	D_5		
D_1	0	6	3	2	2	13	20
D_2	6	0	3	4	4	17	40
D_3	3	3	0	2	2	10	40
D_4	2	4	2	0	4	12	60
D_5	2	4	2	4	0	12	20

③ 确定布置顺序。根据表 7-14 和图 7-6 确定进入布置图的作业设施的顺序。D_2 的关系总和值最高，首先进入布置图。其次，由于 D_1 与 D_2 的关系为 A 级，因此随后布置 D_1。设施 D_4、D_5 与设施 D_2 同属 C 级关系，TCR 值相等，但是设施 D_4 的面积较大，所以先布置 D_4，后布置 D_5，最后安排布置设施 D_3。布置设施的顺序为 2、1、5、4、3。

④ 生成设施布局图。如表 7-14 所示，各设施的面积，以及 CORELAP 布局法中的相对位置确定方法，可生成设施布局图，布置过程如图 7-7 所示。

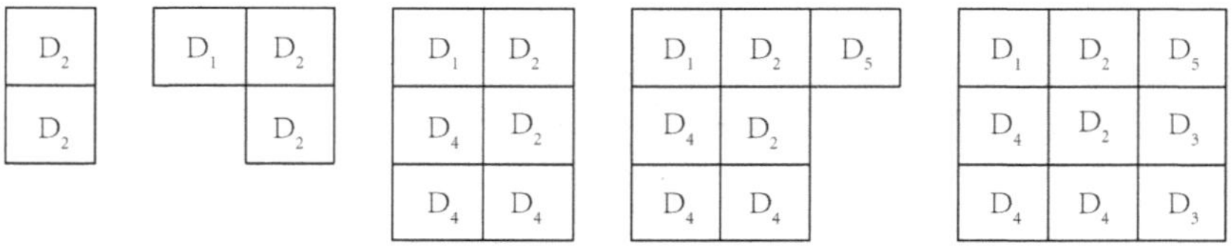

图 7-7 CORELAP 布局法的设施布局图的布置过程

⑤ 评估布局方案。在物流设施布置过程中可以生成不同的设施布局图。下面仅对图7-7所示的布局方案计算其质量指标 Z。如图7-7所示，各设施间的折线距离由矩阵 $\boldsymbol{D}$ 表示：

$$\boldsymbol{D}=\begin{bmatrix} 0 & 1.5 & 3.5 & 2 & 2 \\ 1.5 & 0 & 2 & 2.5 & 1.5 \\ 3.5 & 2 & 0 & 2.5 & 1.5 \\ 2 & 2.5 & 2.5 & 0 & 4 \\ 2 & 1.5 & 1.5 & 4 & 0 \end{bmatrix}$$

$\boldsymbol{D}$ 中元素 d，表示设施 i 到设施 j 的折线距离。

由式 $Z=\sum\limits_{i<j} r_{ij}d_{ij}$ 得到该布局方案的质量指标：

$$Z=\sum_{i<j} r_{ij}d_{ij}=6\times1.5+3\times3.5+2\times2+2\times2+3\times2+4\times2.5+4\times1.5+2\times2.5+2\times1.5+4\times4=73.5$$

选择质量指标值最小的布局方案作为最终方案。

第三节 物料搬运系统设计方法

一、物料搬运的概念

物料搬运是在恰当的时间把恰当的物料按恰当的方式搬运到恰当的地点。物料搬运是物流各项活动中出现频率较高的一项作业活动。它是把物流各环节以及每一环节各活动连接起来的桥梁和纽带，其效率高低，直接影响着物流的整体效率。

物料搬运是物流过程中对于保管物资和运输两端物资的处理活动。具体来说，包括物资的装载、卸货、移动、货物堆码上架、取货、分拣等作业以及附属于这些活动的作业。物料搬运的基本内容有三项，即物料、移动和方法。这三项内容是进行任何搬运分析的基础。①

二、物料搬运的原则

美国物料搬运机构和国际物料管理协会所赞助的主管物料搬运教育的学术工业委员

① 方仲民，张文全，郑秀梅．物流系统规划与设计[M]．北京：北京师范大学出版社，2012.

会，于20世纪60年代开始编列20条物料搬运原则，并持续修改其内容。这些原则综合了设计者设计和运作搬运系统时的经验，以便在初期设计阶段协助设计者用来降低系统成本和提升系统效率。对此20条物料搬运原则说明如下。

（一）指导原则

在进行初步计划之前，应对问题本质进行彻底研究以便明了现有的解决方法以及在经济上和实务上的限制，同时，可建立未来的需求内容和设计目标。

（二）计划原则

制订一个整体计划，包括基本需求内容、方案的选择范围，以及对所有物料搬运和储存活动的权益考虑。

（三）系统原则

规划内容应整合实务上的所有搬运活动，包括从供应商、验收、储存、生产、检验、包装、仓储、送货、运输至客户等不同端点的搬运活动。

（四）流程原则

将搬运和储存作业中的实体物料流程与信息流程相互整合。

（五）单元负载原则

依据产品的大小和搬运设备能力以决定产品的最小搬运单元。

（六）空间利用原则

将建筑物的平面空间和立体空间作最佳的利用。

（七）标准化原则

尽可能使搬运方法及搬运设备标准化。

（八）人因化原则

依照人体的能力限制，设计物料搬运设备和作业程序，以使人员能够有效利用这套系统。

（九）机械化原则

尽可能使用机械设备执行搬运作业，避免使用人力搬运。

（十）弹性化原则

采用能够适应各种不同需求状况，进行不同工作内容的方法及设备。

（十一）简单化原则

删除、减少及合并不必要的移动和设备，以简化搬运工作。

（十二）网络化原则

依据环境的需要，对物料搬运及储存系统采用电脑网络作业，以改善物料信息控制。

（十三）能源原则

物料搬运系统及物料搬运程序中的能源消耗要有经济性考虑。

（十四）生态原则

使用物料搬运设备及物料搬运程序时，应避免对周围环境造成破坏。

（十五）重力原则

在人员安全、产品耗损无虑的情况下，尽量利用重力搬运物料。

（十六）安全原则

遵循现有的安全规定并参照实际经验，采用安全的物料搬运方法和设备。

（十七）布局原则

在所有可能存在的解决方案中，考察各操作程序、设备布局及效果，选出其中最佳的方案。

（十八）成本原则

在经济有效的基础上，比较每个设备和方法的经济条件，衡量每搬运单位所耗用的成本大小。

（十九）维护原则

规划所有搬运设备的定期维修。

（二十）汰旧原则

定期更新搬运方法和设备。

三、物料搬运活性

物料或货物平时存放的状态是各种各样的，可能是散放在地上的，也可能是装箱放在地上或放在托盘上。由于存放的状态不同，物料搬运的难易程度也不一样。人们把物料和货物的存放状态对装卸搬运作业的难易程度称之为搬运活性。

搬运活性指数 α 是用来表示各种状态下的物品的搬运难度。活性指数分 0~4 共 5 个等级，如表 7-15 所示。

表 7-15　活性的区分和活性指数

搬运活性指数	物品状态	作业说明	作业种类				还需作业数量	已不需的作业数量
			集中	搬起	升起	运走		
0	散放在地上	集中	要	否	否	否	4	0
1	包装放好于地面	搬起、升起、运走	否	要	要	要	3	1
2	托盘上	升起、运走	否	否	要	要	2	2
3	车中	运走	否	否	否	要	1	3
4	运动着的物品	不要	否	否	否	否	0	4

0 级：散乱堆放在地面上的货物；

1 级：包装好或捆扎好放置于地面上的货物；

2 级：放于集装箱或托盘内，或已组合成捆、进行预垫或预挂，便于搬运机械操作的货物；

3 级：放于搬运车、台车或其他可移动挂车上的货物；

4 级：预置在动力车辆或传送带上，即刻进入运动状态或已处于运动状态中的货物。

由于搬运是在物流过程中反复进行的，因而其速度可能决定整个物流速度，缩短每次搬运时间，多次搬运的累计效果则十分可观。因此，提高搬运灵活性对合理化搬运是很重要的因素。

四、物料搬运在物流中的作用

物品由生产到消费的流动过程中，物料搬运是必不可少的一个环节，它是随运输和保管等活动而产生的必要活动。无论在生产领域还是在流通领域，物料搬运都是影响物流速度和物流费用的重要因素。在一般制造工厂中，物料搬运作业约占用 1/4 的总人力，1/2 的总空间，3/4 的总生产工时，以及 1/6~5/6 的产品制造总成本。在员工搬运一件物品的过程中，可能没有增加产品的价值。但却增加了产品的制造成本，因此，物料搬运的改善是降低成本的首要任务。其在物流中的作用表现在以下几方面。

（一）衔接物流活动的环节

装卸搬运活动将物流的各个阶段连接起来，使之成为连续的流动过程，在生产过程中，物料搬运使企业的生产物流成为从原材料、设备等装卸搬运开始，以产品装卸搬运为止的连续作业过程。在运输过程中，各种不同运输方式之所以能联合运输，也正是依赖于装卸搬运作业。在流通领域中，物料搬运像影子一样伴随着流通活动的始终。

（二）提高物流速度的关键

物料搬运的基本功能是改变物品的存放状态和空间位置。无论是在生产领域还是在流通领域，物料搬运是影响物流速度的重要因素。据调查，我国机械工业企业 11 吨的产品，需经过 252 吨次的装卸搬运。在火车货运方面，以 500 千米为分界点，运距超过 500 千米，运输的在途时间多于起止的装卸时间；运距低于 500 千米，装卸时间则超出实际运输时间。事实证明，通过加强对物料搬运的组织设计和操作管理，合理装卸，减少无效装卸次数，杜绝各种不合理装卸活动的出现，提高装卸效率，对缩短整个物流活动时间，提高物流速度起着关键性的作用。

（三）降低物流费用的支出

物料搬运活动是增加物流成本的活动。尤其对传统的物料搬运活动而言，反复多次的装卸搬运活动，不仅延长物流时间，且需投入大量的活劳动和物化劳动，这些劳动不能给物流对象带来附加价值，只是增大了物流成本。在现代物流中，虽然物料搬运作业环境得到改善，装卸的机械化水平得到大幅度提高，但装卸费用在物流的成本中所占比例仍比较大。因此，物料搬运活动的合理化对于提高装卸效率，降低物流费用至关重要。

（四）减少货物搬运的损失

在物流过程中，货物的损失主要发生在物料搬运这一环节。在进行物料搬运时往往需要接触到货物，若不小心，或野蛮装卸，就会造成货物的破损、散失、损耗或混合等损失。装卸次数越多，货物的损失也就越大。因此，应选择合理的装卸方式，采用规范的操作方法，将装卸环节减至最少次数，以最大限度地减少货物在物流过程中的损耗。

五、物料搬运系统分析方法

一般的“物料搬运”是指物料搬运作业，即利用机械或人力来执行一项移动物料的动作。而“物料搬运系统”则更深入地探讨物料流动与节点布局之间的关系，将物料的移动流程和节点的布局设计相互配合，以期支持节点的生产或服务系统作业。

物料搬运系统是指一系列的相关设备和装置，用于一个过程或逻辑动作系统中，协调、合理地将物料进行移动、储存或控制。物料搬运系统中设备、容器性质取决于物料的特性和流动的种类。当前物料搬运系统的设计要求合理、高效、柔性和能够快速装换，以适应现代制造业生产周期短、产品变化快这一新特点。

系统搬运分析（以下简称SHA）法明确了设计程序的系统安排，适用于一切物料搬运项目，是一种条理性化的分析方法。SHA方法包括两个基本内容，一种解决问题的方法；一系列依次进行的阶段过程。

SHA方法分析过程分为4个阶段，即外部衔接、总体搬运方案、详细搬运方案和实施以及施工安装和生产运行。每个阶段的工作内容如下：

（1）外部衔接，确定位置。搞清对象系统（工厂）物料的输入、输出方式及频率等，使内外衔接能够互相协调，以利于确定节点的具体布置地点。这里节点可以是设备作业单位、活动区域等。例如，对区域的各道路入口、铁路节点要进行必要的修改以与外部条件协调一致，使工厂或仓库内部的物料搬运同外界的大运输系统结合成为一个整体。

（2）总体搬运方案与总体规划设计。制定布置区域的基本物流模式、作业单位、部门或区域的相互关系及外形，制定区域间物料搬运方案，确定移动系统、设备型号、运输单元或容器。

（3）详细搬运方案与详细布置设计。确定每台机器、设备、通道、仓库或服务设计的位置；确定每个工作地点之间的移动系统、设备和容器，以及对设想移动的分析，完成详细的搬运物料系统设计。

（4）实施、施工安装及生产运行这个阶段要进行必要的准备工作，订购设备，完成人员培训，制订并实现具体搬运节点的安装计划。然后，对所规划的搬运方法进行调试，验证操作规程，并对安装完毕的节点进行验收，确定它们能正常运转。

其中，SHA主要完成（2）、（3）两个阶段的工作。

第八章

物流设施规划与布置设计

设施规划是针对企业中的生产或服务系统的生产或转换活动，从投入到产出的全部过程，将人员、物料及所需的相关设备设施等做出最有效的组合与安排，并与其他相关设施协调，以期获得安全、效率与经济的操作，满足企业经营需求。其目的是最大化服务、最小化成本、最大化竞争优势以及最小化的资产配置，其最主要是为客户和自身企业业务发展提供服务和便利性。

第一节 物流设施规划设计概述

一、物流设施规划设计的概述

（一）设施规划设计的定义

设施规划设计是针对企业个体中的生产或服务系统的生产或转换活动，从投入到产出的全部过程中，将人员、物料及所需的相关设施设备等，做出最有效的组合与安排，并与其他相关设施协调，以期获得安全、效率与经济的操作，满足企业经营需求，同时能对企业长期的组织功能和发展产生更积极的影响和效益。

从物流系统规划设计与各经济领域设施的相关性来看，与物流活动密切相关的一般设施以及物流活动专用设施的规划设计都可以近似看成物流设施规划设计，如图 8-1 所示。

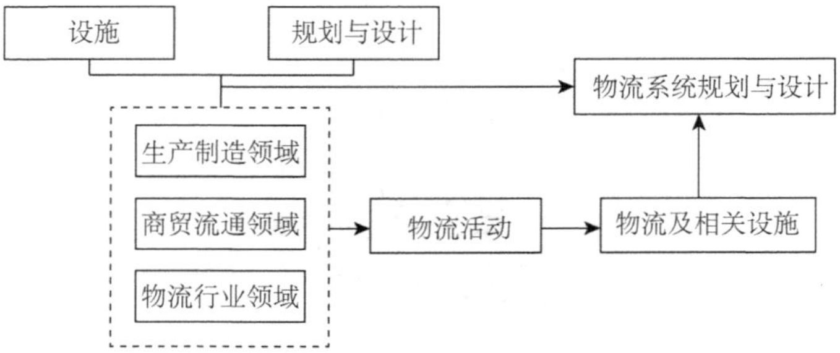

图 8-1　物流系统规划设计与各经济领域设施的相关性

（二）物流设施规划设计的内容

1．设施场址选择

设施场址的选择是指在相当广阔的区域内选择设施建厂的地区，并从地点、地区范围内从几个可供考虑的厂址方案中选择最优厂址方案的分析评价过程。

2．设施内部系统布置设计（设施平面布局规划）

设施内部系统布置设计即通过对系统物流、人流、信息流进行分析，对建筑物、机器设备、运输通道和场地做出有机的组合与合理配置，使系统内部布置最优化。

3．设施建筑设计

建筑设计在物流规划研究中不是重点，但建筑设计须符合生产或物流作业功能和空间的要求，保证建筑物安全、经济、适用、美观的要求。

建筑物是物流作业的重要场所设施，一般的物流活动大部分是在设施建筑物内部或之间实施的，一方面它的面积、空间及其方位决定物流作业的能力与效率，另一方面物流活动合理化程度又影响设施建筑的面积、空间的利用。也就是说，设施内部的建筑空间、地理方位、面积与形状、功能区划与物流作业效率与成本密切相关。因此，实体建筑的面积、方位与空间距离的确定是设施内部系统布置规划的重点内容。

4．物料搬运系统设计

物料搬运系统设计就是对物料搬运路线、运量、搬运方式和设备、储存场地等做出合理安排。

5．公用工程设计

生产或服务系统中的附属系统，包括热力、煤气、电力、照明、给排水、采暖通风及空调等系统，对这类公用设施进行系统协调地设计，为整个系统高效运营提供可靠保障。

按照企业个体不同的经营属性，机器设备的需求也常有不同，而机器设备的数量、安置、排列、作业弹性和空间配置等安排，将对生产或服务系统的整体物流运作产生关键性的影响，如影响搬运的距离与路径及其效率。所以设备的配置与安排在物流系统详细设计方案中也非常重要，如图 8-2 所示。

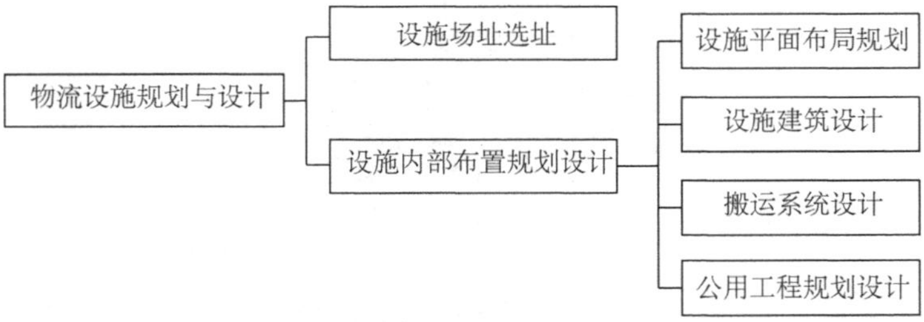

图 8-2　物流设施规划与设计内容

（三）设施规划设计的原则

1. 这是提高企业劳动生产率和降低消耗的最有效方法之一。只有在时间上缩短生产周期，空间上减少占地，物料上减少停留、搬运和库存，才能保证投入的资金最少，生产成本最低。

2. 因为生产或服务系统的有效运行依赖于人流、物流、信息流的合理化，因此，必须以流动的观点作为设施规划的出发点，并贯穿在规划设计的始终。

3. 运用系统的概念、系统分析得方法求得整个系统的整体优化，而不仅是物流系统的优化。

4. 运用人机工程理论，进行综合设计，并要考虑环境的条件，包括空间大小、通道配置、色彩、照明、温度、湿度、噪声等因素对人的工作效率和身心健康的影响。

5. 设施规划设计是从宏观到微观，又从微观到宏观的反复迭代、并行设计的过程。要先进行总体规划布置方案，再进行详细布置；而详细布置设计方案又要反馈到总体布置方案中，对总体方案进行修正。

总结可得：现代设施规划设计应遵循的原则如下：

（1）减少或消除不必要的作业；

（2）以流动的观点作为设施规划出发点；

（3）追求系统的整体优化；

（4）重视人的因素；

（5）反复迭代及并行设计。

（四）设施规划设计的阶段与程序

R. 缪瑟（R. Muther）指出设施规划与设计“有一个与时间有关的阶段结构”，并且各阶段是依次进行的；阶段与阶段之间应互相搭接；每个阶段应有详细进度；阶段中自然形成若干个审核点，如图 8-3 所示。

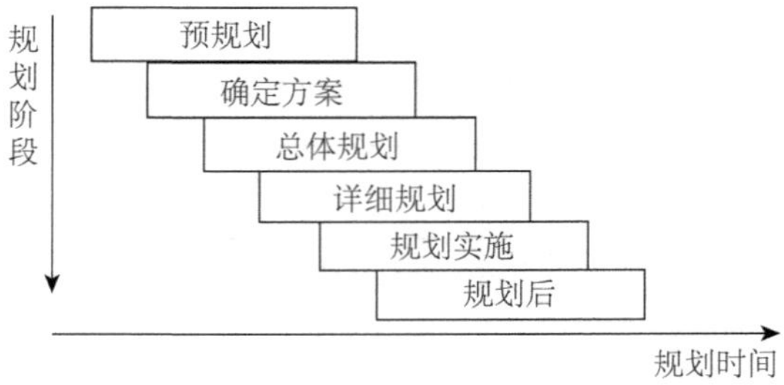

图 8-3　设施规划设计阶段

这种结构形成了从整体到局部、从全局到细节、从设想到实际的设计次序。即前一个阶段工作在较高层次上进行，而后一阶段工作以前一阶段的工作成果为依据，在较低层次上进行；各阶段之间相互影响，交叉并行进行。因此，设施规划与设计必须按照“顺序交叉”方式进行工作。

设施规划设计工作贯穿工程项目发展周期中前期可行性研究与设计阶段，设施规划与设计必然也存在与时间有关的阶段结构。其中阶段结构如表 8-1 所示。

表 8-1　设施规划设计阶段结构

名称	预规划	确定方案	总体规划	详细规划	规划实施	规划后
成果	确定目标	分析并确定位置及其外部条件	总体规划	详细规划	设施实施计划	竣工试运转
主要工作内容	制定设施要求预测，估算生产能力及需求量	确定设施要求、生产能力及需求量	选址及总体平面布置图	按规划要求作详细规划及布置图	制定进度表或网络图	项目管理（施工、安装、试车及总结）
财务工作	财务平衡	财务再论证	财务总概算比较	财务详细概算	筹集投资	投资

设施规划与设计主要阶段：

1. 计划准备阶段

既是概念设计阶段也是设施项目可行性的详细研究论证阶段，是后期规划设计的可靠基础。需进行大量的调查研究工作，同时，也需要对资料数据进行科学分析，必须给予足够重视，投入必要的人力和费用。

明确设施建设的基本任务和目标以及有关的背景条件，建立筹建小组（或委员会）进行具体规划事宜。筹建小组根据企业经营决策的基本方针，进一步确认设施建设的必要性和可行性。

2. 系统规划设计阶段

（1）分析基本资料：进一步整理分析原始资料，如物品需求趋势、物品品种数量特征等，作为规划设计阶段参考数据。

（2）设定规划条件：各项规划条件的设定，包括基本储运单位、货物周转能力、自动化程度等条件。

3. 对设施设备进行规划：

（1）作业流程规划及其功能需求分析。

（2）各作业功能区域划分与空间布局规划。

（3）设施设备需求规划与选用。

（4）建筑设计规划。

4. 方案评估与选择阶段

各种设施规划经过周详的系统规划程序后，会产生几个可行的布局方案。规划设计者在了解各方案特征的基础上，采用各种系统评价方法或计算机仿真方案，对各方案进行比较和评估，从中选择一个最优的方案进行详细设计。

5. 详细规划设计阶段

在此阶段，需依照各设备的规格资料完成设备面积与实际方位的配置，再配合各项实体限制进行具体的调整。需编制具体规划方案实施条目和有关设备规格型号，主要有：

（1）装卸、搬运、保管所用的机械和辅助机械的型号规格。

（2）运输车辆的类型、规格。

（3）装卸搬运的容器形状和尺寸。

（4）作业设施内部详细的平面布置与机械设备的配置方案。

（5）办公与信息系统的有关设备规格、数量等。

6. 计划执行阶段

当完成各项成本及效益评估分析后，如果企业决定设置该物流设施，则可以进行计划执行阶段。

综上，设施规划与设计主要阶段与步骤如图 8-4 所示：

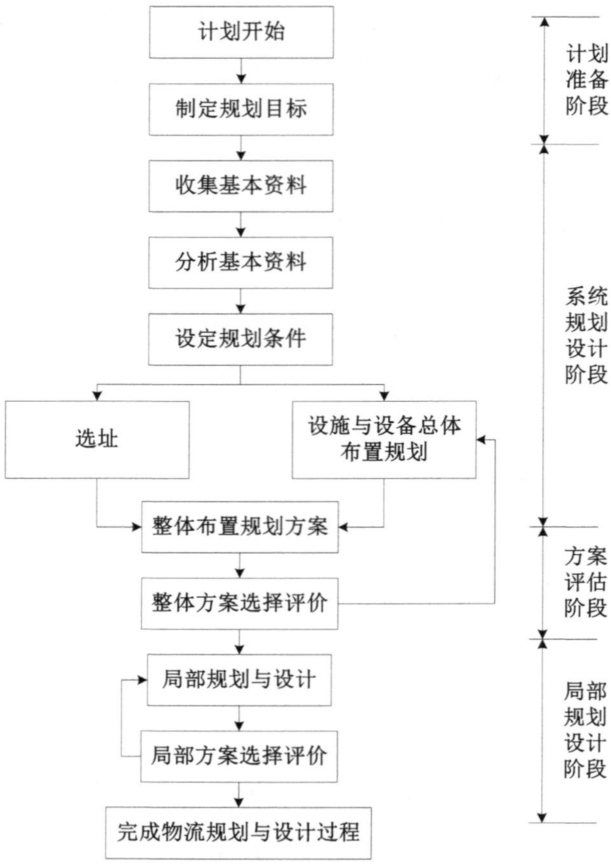

图 8-4　设施规划设计的阶段与步骤

第二节　设施系统布置设计要素与流程模式

一、物流设施的构成

整个物流设施从建筑角度来看，主要构成部分为：作业区域厂房设施、厂房周边设施、辅助作业区域设施。

从作业单位部门划分角度来看，主要构成部分为：作业车间、工场、货场、职能管理部门、辅助作业、生活服务部门。

二、设施系统布置的目的

设施系统布置设计的目的主要就是完成设施系统总平面布置和设施各作业区域布置设计，使生产制造或服务系统资源配置最优。

三、设施系统布置设计的原则要求

物流设施在进行内部系统布置设计时，需体现以下的原则要求：

（1）简化加工或作业过程；

（2）有效地利用设备、空间、能源和人力资源；

（3）最大限度地减少物料搬运；

（4）缩短生产作业周期；

（5）力求投资最低；

（6）为职工提供方便、舒适、安全和职业卫生的条件。

四、设施系统布置设计的基本要素

系统布置设计的要素就是系统布置分析时必须掌握的原始数据资料。下面就以工厂与物流中心为典型，分别介绍设施系统布置设计的基本要素。

（一）工厂设施系统布置设计基本要素

在缪瑟提出的工厂系统布置设计（SLP，Systematic Layout Planning）中，是把产品 P、产量 Q、生产路线 R、辅助服务部门 S 及生产时间安排 T 作为布置设计工作的基本出发点来看待。根据缪瑟的工厂系统布置设计理论，将产品 P、产量 Q、生产路线 R、作业单位部门划分 S 及生产时间安排 T 称为系统布置的基本要素（原始资料）。

产品 P：是指待布置工厂计划生产的商品、原材料或者加工零件、成品等。这些资料由生产纲领和产品设计提供，包括项目、品种类型、材料、产品特征等。产品要素影响着生产系统的组成及其各作业单位间相互关系、生产设备的类型、物料搬运方式等方面。

产量 Q：是指所生产的产品数量，也由生产纲领和产品设计方案决定，可以用件数、重量、体积等表示。产量要素影响着生产系统的规模、设备的数量、运输量、建筑物面积大小等。

生产路线 R：为了完成产品的加工，必须制定加工工艺流程，形成生产路线，可以用工艺过程表（卡）、工艺过程图、设备表等表示。生产路线要素影响着各作业单位之间的联系、物料搬运路线、仓库及堆放地的位置等方面。

作业单位部门划分 S：在实施系统布置工作前，必须对生产系统组成情况有一个总体规划，大体可以分为生产车间、职能管理部门、辅助生产部门、生活服务部门及仓储部门等。生产车间是工厂布置的主体部分，体现工厂的生产能力。但有时辅助服务部门占地面积接近甚至大于生产车间占地面积，需引起重视。

时间 T：是指在什么时候、用多少时间生产出产品，包括各工序的操作时间、更换批量的次数。在工艺过程设计中，根据时间因素，确定生产所需各类设备的数量、占地面积大小和所需操作人员数量，来平衡各工序生产时间。

（二）物流中心设施系统布置设计基本要素

物流中心设施系统布置设计基本要素包括以下 7 种：订单（Entry）、商品种类（I-tem）、商品数量（Quantity）、物流通路（Route）、服务水平（Service）或内部服务单位划分、交货时间（Time）、物流成本（Cost）。

订单（Entry）：客户对象不同，订货要求也不同。订单品种、规模、数量存在差异，物流中心的设施设备、工具、作业流程、功能区划与布置等就会存在区别。（1）配送对象是经销商，品种订货量大，物流中心出入库功能要强；（2）配送对象是零售店，订货量小、品种多，物流中心的分拣功能要强。

商品种类（Item）：物流中心所处理的商品品项数差异性较大，商品的储位区域布置安排也不同。处理商品种类不同，物流特性不同，厂房硬件及物流设备的选择也不同。商品品项要素影响物流中心的组成及其各作业单位间相互关系、储存搬运设备的类型、搬运方式等方面。

商品数量（Quantity）：如季节性商品，经常出现出货量的波动，影响商品储存区域面积规划。商品数量要素影响物流中心的规模、储存搬运设备的数量、运输量、建筑物面积大小等方面。

物流通路（Route）：（1）供应链物流渠道，物流中心在供应链中的位置不同；（2）货物在物流中心根据作业流程安排在作业区域间的流转路线，反映货物在物流中心内的流向和距离。

服务水平（Service）或内部服务单位划分：（1）服务水平包括交货时间、供应保证程度等，是合理物流成本下的服务品质；（2）内部服务单位划分影响物流中心服务能力，即作业区域与辅助服务区域的设置不同，服务功能要素存在差异。

交货时间（Time）：物流交货时间是物流服务水平高低的反映。交货时间的长短很大程度上取决于物流中心的物流设施作业能力，物流设施作业能力又取决于物流中心系统布置与装备水平。

物流成本（Cost）：研究传送商品的作业费用和设施建造费用。

（三）布置设计 SLP（流程）模式

根据缪瑟提出的系统布置设计思想，系统布置设计程序一般经过下列步骤，如图 8-5 所示。

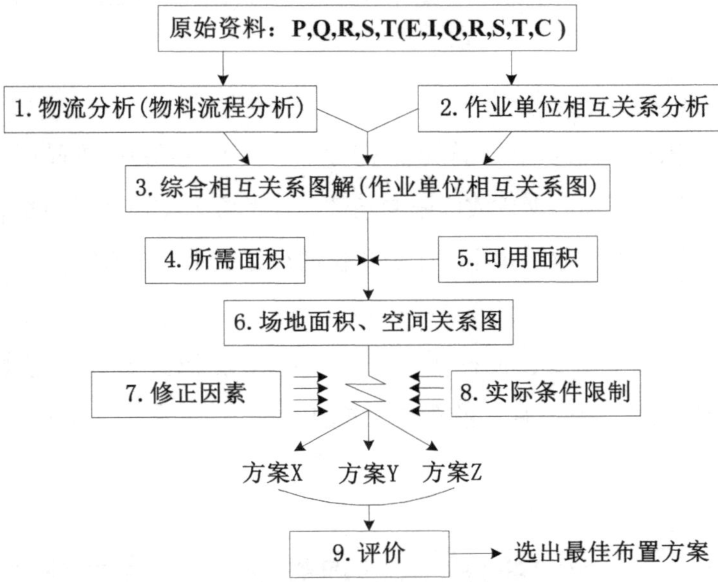

图 8-5　SLP 设计程序模式

（1）准备原始资料。

在系统布置设计开始时，首先必须明确给出原始资料-布置设计的基本要素，同时也需要对作业单位的划分情况进行分析，通过分解与合并，得到最佳的作业单位划分。

（2）物流分析与作业单位相互关系分析。

对于某些以生产流程为主的工厂，物流分析是布置中最重要的方面。

对于某些辅助服务部门或某些物流量小的工厂，各作业单位之间的相互关系（非物流）对布置就显得更重要。

注意：在需要综合考虑作业单位间物流与非物流的相互关系时，可以采用简单加权的方法将物流相关表及作业单位间相互关系表综合成综合相互关系表。

（3）绘制作业单位位置相关图。

根据物流相关表与作业单位相互关系表，考虑每对作业单位间相互关系等级的高/低，决定两作业单位相对位置的远/近，得出各作业单位之间的相对位置关系。这时并未考虑各作业单位具体的占地面积从而得到的仅是作业单位的相对位置，称为位置相关图。

（4）作业单位占地面积计算。

各作业单位所需占地面积与设备、人员、通道及辅助装置等有关，计算出的面积应与可用面积相适应。

（5）绘制作业单位面积相关图。

把各作业单位占地面积附加到作业单位位置相关图上，就形成了作业单位面积相关图。

（6）修正。

对作业单位面积相关图的调整和修正。需考虑的修正因素包括物品搬运方式、操作方式、储存周期等，同时还需要考虑实际限制条件。在考虑了各种修正因素与实际限制条件以后，对面积相关图进行调整，得出数个有价值的可行设施布置方案。

（7）方案评价与择优。

针对前面得到的数个方案，进行技术、费用及其他因素评价，通过对各方案比较评价，选出/修正设计方案，得到最后的布置方案图。

第三节 物流设施布置规划分析方法与技术

一、物流分析的基础

（一）计算物流量

（1）当量物流量：当量物流量是按照规定标准修正和折算的运输量。在物流系统分析、规划、设计中，将各种物料经过折算都变成标准的倍数或系数，即折算成统一量，这个统一量即为当量物流量。

例如：载重 10 t 的卡车，当运输 10 t 钢材时，10 t 钢材的当量重量为 10 t；运输 2 t 塑料制品时，2 t 塑料制品的当量重量为 10 t。

（2）玛格数法：玛格数比较适合一些特性相差不大的物料搬运。美国一种不太成熟的当量物流量的计算方法，是为度量各种不同物料可运性而设计的一种度量单位，用来衡量物料搬运难易程度。

一个玛格数的物料是：可以方便拿在一只手中；相当密实；结构紧凑，具有可堆垛性；不易受损坏；相当清洁、坚固和稳定。一包香烟＝0.5 mag，一个电话亭＝50 mag，一个低堆垛托盘（1200×1200）＝38 mag。

玛格数基本值还要考虑松密程度或密度（B）、形状（C）、损伤危险性（D）、情况（E）和价值因素（F）5个参数进行修正，这些参数取值一般在0~4。

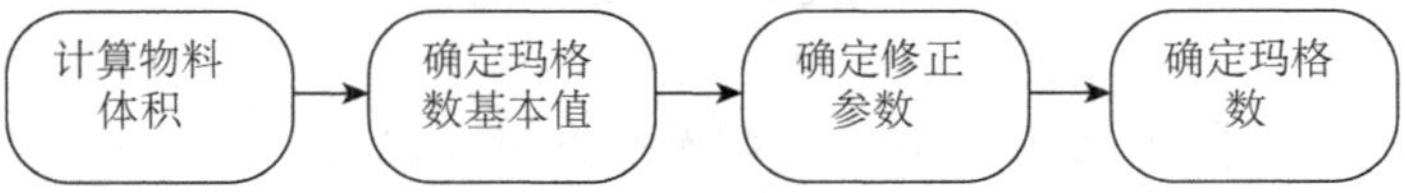

玛格数计算公式：M＝A+A（B+C+D+E+F）/4

（其中公式中的玛格数基本值A可查阅专用玛格曲线表得出）

（二）对物料进行分类

在实际工作中，物料通常按可运性的物理特征进行分类，其分类依据是外形尺寸、重量、形状、损坏可能性、状态、数量、时限7种主要因素。

为了避免物料分类过多，以后进行物流分析的不便，一般在企业物流范围内应将物料分类数控制在10类左右，最多不超过15类。

分类方法主要是绘制 P–Q 图，进行ABC分析。

绘制 P–Q 图。P 代表物料种类，Q 代表物流量（当量物流量）。根据每一种物料 P_i 其对应点 Q_i，即可画出由直方图表示的 P–Q 图，如8–6所示。

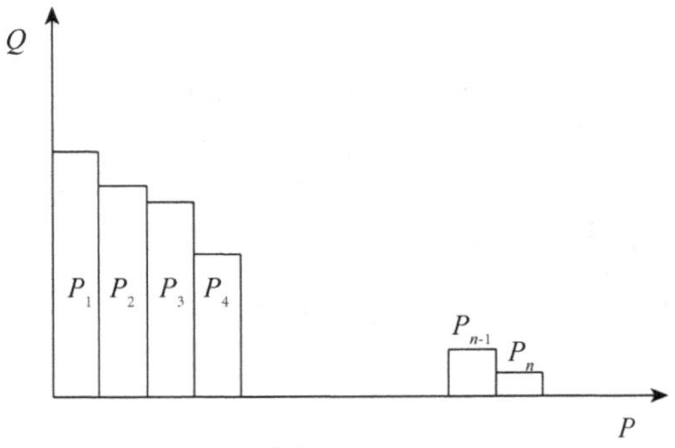

图8–6 P–Q 图

对 P–Q 图进行ABC分类，如图8–7所示。

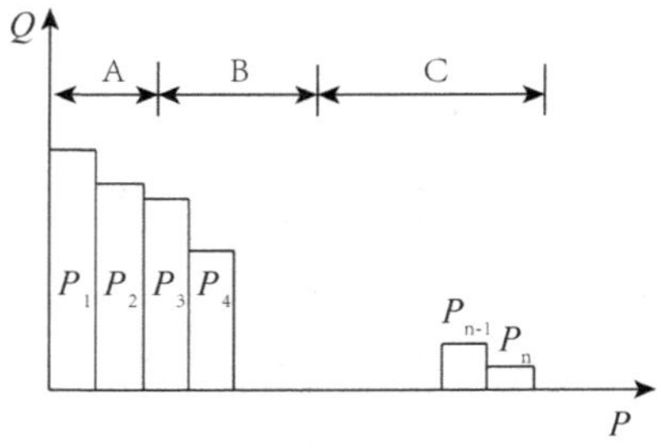

图 8-7　P-Q 图

一般 A 类物料占总品种数 5%~10%，物流量占 70%以上。

B 类物料占总品种数 20%左右，物流量占 20%左右。

C 类物料占总品种数 70%以上，物流量占 5%~10%。

对物料进行 ABC 分类可以抓住重点，利于分析与设计的进行。

注：上述百分比不绝对。

二、物流分析工具与方法

物流分析是设施布置的关键也是前提。物流分析的基本原则是做到两个最小和两个避免，即经过距离和发生的物流成本最小，避免迂回和避免十字交叉。

常用的物流分析工具和方法：工艺流程图、多产品工艺过程表、物流连线图、物流从至表、物流相关表。具体内容如下：

（一）工艺流程图

在大量生产中，产品品种很少，用标准符号绘制必要工艺过程图可直观反映出工厂生产详细情况。此时，进行物流分析只需在工艺过程图上注明各道工序之间的物流量，就可以清楚地表现出工厂生产过程中的物料搬运情况。

对工艺流程图的绘制，美国机械工程师学会（ASME）对有关物料操作制定了一套标准符号，如表 8-2 所示。

表 8-2　ASME 物料操作标准符号

符号	名称	说明
○	操作	表示工艺过程中主要步骤，操作中要对物料作物理或化学变革
□	检查	表示对物料品质或数量的检查
→	运输	表示物料由一处移向另一处
D	停留	表示在事件顺序中的等待，如工序间的在制品积压

续表

符号	名称	说明
▽	储存	表示受控制的储存，如保持生产连续性的库存

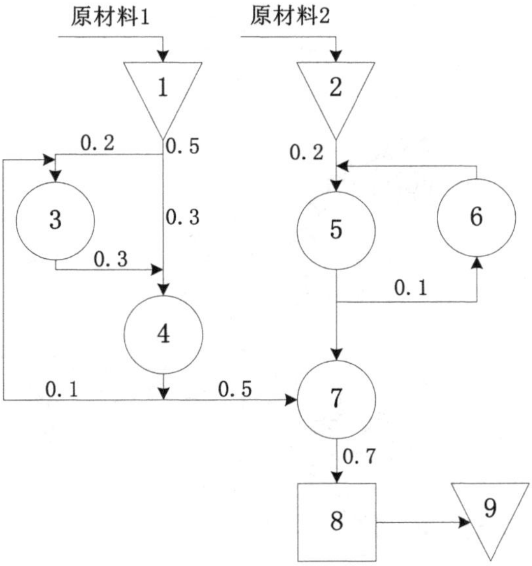

图 8-8 工艺流程图示例

（二）多产品工艺过程表

在品种多且批量较大的情况下，将各种产品的生产工艺流程汇总在一张表上，就形成了多产品工艺过程表，在这张表上各产品工艺路线并列绘出，可以反映出各个产品的物流路径，如表 8-3 所示。

表 8-3 工艺流程表

产品号	工艺路线	每月产量/件
1	A→B→C→D→E	200
2	A→D→E	900
3	A→B→C→E	400
4	A→C→D→E	650

（三）物流连线图

将各条物流路线的物流量的大小用物流图线表示，与经过的物流节点一起绘制在平面图上，称为物流连线图（物流图），如图 8-9 所示。

特点：

（1）用简单几何要素图形如圆/菱形表示工作单位，如各种车间、仓库、车站等。

（2）工作单位之间用线连起来就表述各条物流路线。

（3）用连线多少、线的颜色、线的粗细、线外旁注等表述物流量、物流起止点、流向等。

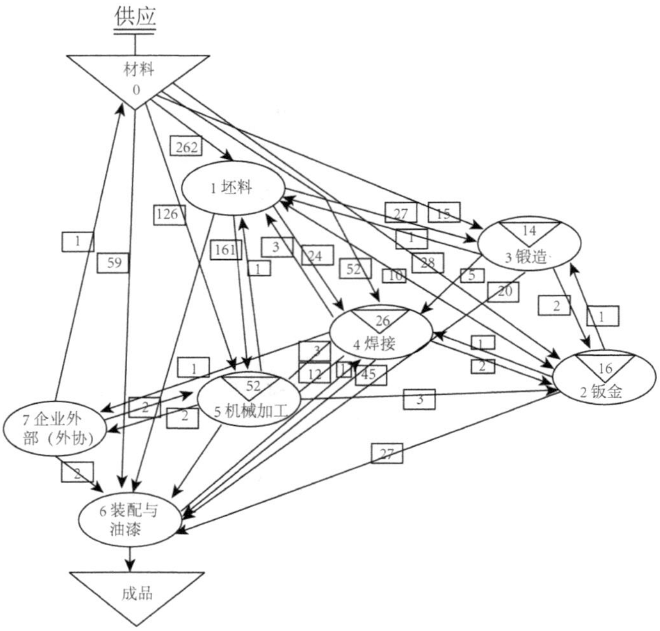

图 8-9　物流连线图

（四）物流从至表

从至表是一张方格图，左边为“从 From”边，从上到下按作业顺序排列，上边为“至 To”边，从左到右按作业顺序排列，然后将作业路径物流量标在相应的方格中。

表 8-5　距离从至表

从	至				
	A	*B*	*C*	*D*	*E*
A		27	54	75	39
B	27		27	48	66
C	54	27		39	69
D	75	48	39		48
E	39	66	69	48	

从至表实际上表示从某一工作地到另一工作地的总物流量及其分布。

【案例 8-1】某工厂有 A、B、C、D、E5 个车间，布置如图 8-10 所示，其中“+”为各车间距心。该厂生产 4 种产品，各产品的工艺路线和每月产量如表 8-6 所示，而且每种产品的生产批量为 50 件。

问题：

（1）试以直角距离计算两两车间的距离从至表；

（2）计算物流搬运量从至表 F；

（3）计算搬运工作量，并以之表示物流强度从至表。假设每批次搬运移动 1 m 的成本是 2 元，试将上述物流强度从至表转化为物流成本从至表。

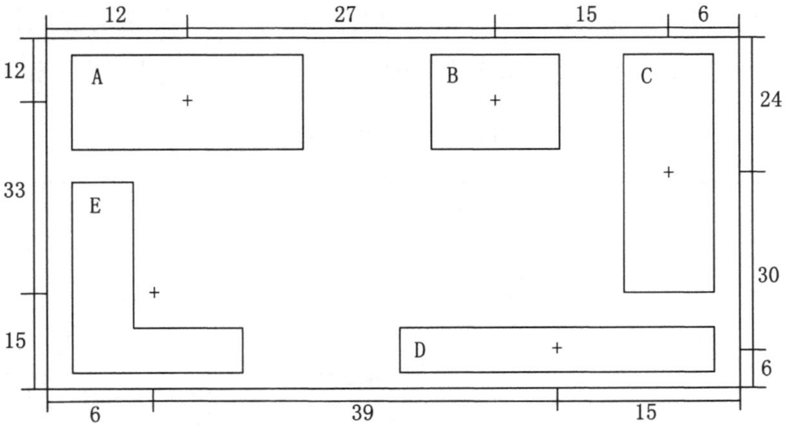

图 8-10 某工厂布置图

表 8-6 工艺流程表

产品号	工艺路线	每月产量/件
1	A→B→C→D→E	200
2	A→D→E	900
3	A→B→C→E	400
4	A→C→D→E	650

（1）直角距离意味着从一个距心到另一个距心只能水平或竖直走，只能直角转弯，即平面两点间的折线距离。

设以左下角为原点，可得各距心点坐标：A（12，48），B（39，48），C（54，36），D（45，6），E（6，15），分别计算两点之间的直角距离，得距离从至表，如表 8-7 所示。

表 8–7　距离从至表

从	至				
	A	*B*	*C*	*D*	*E*
A		27	54	75	39
B	27		27	48	66
C	54	27		39	69
D	75	48	39		48
E	39	66	69	48	

（2）物流搬运量按产品来算，将各产品的工艺路线的每一段搬运量分别列入从至表对应的方格，最后将不同产品在同一格子中的数据相加，得搬运量从至表，如表 8–8 所示。

表 8–8　搬运量从至表

从	至				
	A	*B*	*C*	*D*	*E*
A		200+600	650	900	
B			200+400		
C				200+650	400
D					200+900+650
E					

（3）以搬运工作量表示物流强度从至表，搬运工作量 = 搬运距离×搬运量，结合距离从至表和搬运量从至表计算得到以搬运工作量表示的物流强度从至表，如表 8–9 所示。

表 8–9　以搬运工作量表示的物流强度从至表

从	至					合计
	A	*B*	*C*	*D*	*E*	
A		16 200	35 100	67 500		118 800
B			16 200			16 200
C				33 150	27 600	60 750
D					84 000	84 000
E						

续表

从	至					合计
	A	*B*	*C*	*D*	*E*	
合计						279 750

若按每批次搬运成本 2 元/米，每种产品的生产批量为 50 件，则每件产品每米物流成本为 2/50（元/米·件），结合物流强度从至表，得到物流成本从至表，如表 8-10 所示。

表 8-10 物流成本从至表

从	至					合计
	A	*B*	*C*	*D*	*E*	
A		648	1 404	2 700		4 752
B			648			648
C				1 326	1 104	2 430
D					3 360	3 360
E						
合计						11 190

绘制搬运量-距离（F-D）图，如图 8-11 所示。

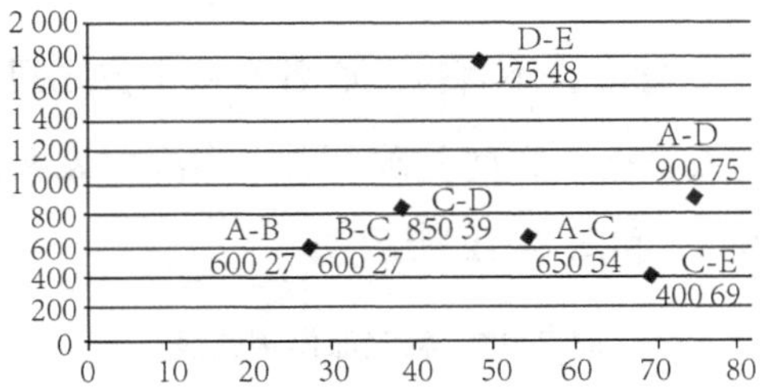

图 8-11 搬运量-距离图

（五）物流相关表

在采用 SLP 法进行工厂布置时，不直接关心各作业单位之间具体的物流强度，而是通过划分等级的方法来研究物流状况，在此基础上，引入物流相关表，以简洁明了的形式表示工厂总体物流状况。

SLP 中将物流强度转化为 5 个等级，分别用 A、E、I、O、U 来表示，对应物流强度逐渐减少，如表 8-11 所示。

表 8-11　物流强度等级比例划分表

物流强度等级	符号	物流路线比例/%	承担物流流量比例/%
超高物流强度	A	10	40
特高物流强度	E	20	30
较大物流强度	I	30	20
一般物流强度	O	40	10
可忽略搬运	U	—	—

物流强度等级需按物流路线比例或承担物流量比例来确定，如表 8-12 所示。

表 8-12　物流强度等级比例划分表

物流强度等级	符号	物流路线比例/%	物流路线比例累计/%	承担物流量比例/%	物流量比例累计/%
超高物流强度	A	10	10	40	40
特高物流强度	E	20	30	30	70
较大物流强度	I	30	60	20	90
一般物流强度	O	40	100	10	100
可忽略搬运	U	—	—	—	—

在采用 SLP 法进行工厂布置时，不直接关心各作业单位之间具体的物流强度，而是通过划分等级的方法来研究物流状况，在此基础上引入物流相关表，以简洁明了的形式表示工厂总体物流状况，如表 8-13 和图 8-12 所示。

表 8-13　物流原始相关表

	1	2	3	4	5	6	7	8	9	10	11	12	13	14
1		U	U	I	E	E	U	U	U	U	U	U	U	U
2	U		U	U	U	U	U	U	U	O	O	U	U	U
3	U	U		U	U	U	O	E	U	U	U	U	U	U
4	I	U	U		E	U	I	O	U	U	U	U	U	U
5	E	U	U	E		U	U	U	I	U	U	U	U	U
6	E	U	U	U	U		U	U	U	E	U	U	U	U
7	U	U	O	I	U	U		I	U	U	U	U	U	U

续表

	1	2	3	4	5	6	7	8	9	10	11	12	13	14
8	U	U	E	O	U	U	I		O	E	A	U	U	U
9	U	U	U	U	I	U	U	O		U	U	U	U	U
10	U	O	U	U	U	E	U	E	U		U	U	U	U
11	U	O	U	U	U	U	U	A	U	U		A	U	U
12	U	U	U	U	U	U	U	U	U	U	A		U	U
13	U	U	U	U	U	U	U	U	U	U	U	U		U
14	U	U	U	U	U	U	U	U	U	U	U	U	U	

SLP 中将物流强度转化为 5 个等级，分别用 A、E、I、O、U 来表示，对应物流强度逐渐减少。物流强度等级需按物流路线比例或承担物流量比例来确定。

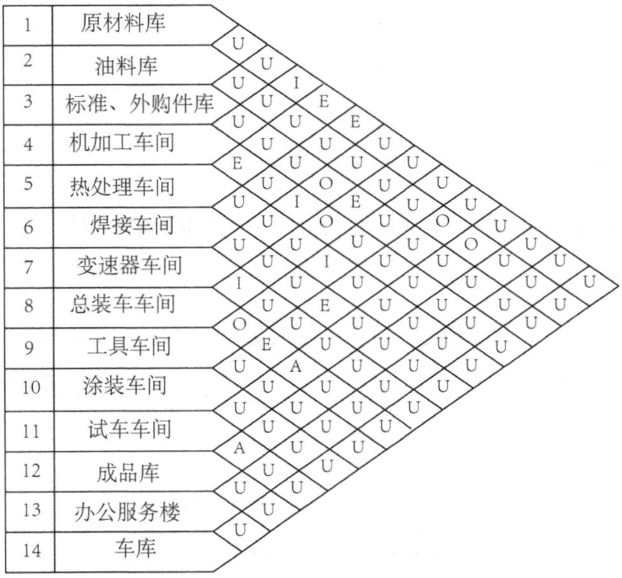

图 8-12 某厂作业单位物流相关图

三、设施系统平面布置技术

当各单位之间存在大量物流时，要以物流为主考虑其相互关系，可以利用物流相关表进行平面布置。

当不存在重大物流时，不必作物流分析而改用相互关系图（非物流关系）作为布置的依据。

（一）根据物流强度等级 TCR 布置各作业单位

【案例 8-2】已知各作业单位对流物流强度权重赋值（A=6，E=5，I=4，O=3，U=2），密切联系等级 TCR（total closeness rating）如表所示，试对下列 5 个作业单位确定合理布置，如表 8-14 所示。

表 8-14　各作业单位对流物流强度权重赋值及密切联系等级 TCR

作业单位	1	2	3	4	5	累计 TCR	面积/m^2
1		6	3	2	2	13	20
2	6		3	4	4	17	40
3	3	3		2	2	10	40
4	2	4	2		4	12	60
5	2	4	2	4		12	20

（二）利用物流相关表进行设施平面布置

【案例 8-3】已知某物流中心各作业区域的情况如单向物流从至表如表 8-15 所示，已知物流强度等级划分标准。

（1）试对物流中心各作业单位进行物流强度分析，绘制物流相关表。（2）若只考虑物流关系进行作业单位布置，试绘制作业单位位置平面相关图与面积相关图，如表 8-15 所示。

表 8-15　单向物流从至表

从	至						面积/m^2
	A1	A2	A3	A4	A5	A6	
A1		2	12		1		300
A2			1	3		1	200
A3		2		4			100
A4		1			1		200
A5				1		1	100
A6				1			100

（2）在单向物流从至表的基础上，将顺行的物流量与逆行的物流量相加，得对流物流量表，如表 8-16 所示。

表 8-16 对流物流量表

从	至						面积/m^2
	A1	A2	A3	A4	A5	A6	
A1		2⑤	12①		1⑦		300
A2			3④	4②		1⑧	200
A3		2		4③			100
A4					2⑥	1⑨	200
A5						1⑩	100
A6							100

（3）根据对流物流量的大小顺序，作物流强度分析，确定各单位之间的物流密切程度等级，如表 8-17 所示。

表 8-17 物流密切程度等级表

序号	作业单位对	物流强度值	路线累计	路线比例累计/%	物流强度比例/%	强度比例累计/%
1	A1-A3	12	1	10	38.7	38.7
2	A2-A4	4	2	20	12.9	51.6
3	A3-A4	4	3	30	12.9	64.5
4	A2-A3	3	4	40	9.7	74.2
5	A1-A2	2	5	50	6.5	80.7
6	A4-A5	2	6	60	6.5	87.2
7	A1-A5	1	7	70	3.2	90.4
8	A2-A6	1	8	80	3.2	93.6
9	A4-A6	1	9	90	3.2	96.8
10	A5-A6	1	10	100	3.2	100
合计		31				

（4）在行与列的相交方格中填入行作业单位与列作业单位间的物流强度等级，得物流原始相关表，如表 8-18 所示。

表 8-18　物流原始相关表

从	至					
	A1	A2	A3	A4	A5	A6
A1		I	A	U	O	U
A2	I		I	E	U	O
A3	A	I		E	U	U
A4	U	E	E		I	O
A5	O	U	U	I		O
A6	U	O	U	O	O	

（5）根据物流原始相关表，绘制作业单位物流相关图，即 SLP 中的物流相关图，如图 8-13 所示。

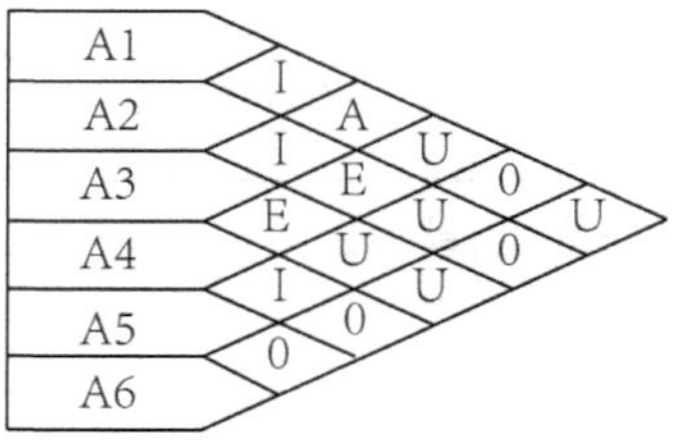

图 8-13　物流相关图

（6）根据物流原始相关表，给出各作业单位物流强度等级分值 TCR，并计算各作业单位的累计 TCR，绘制接近程度排序表。

布置思路：按累积 TCR 值大小先布置 A 级关系，然后布置 E、I、O、U 级关系。选取累积 TCR 值最高的作业单位开始布置。依次可绘制出作业单位平面位置相关图，如图 8-14 和表 8-19 所示。

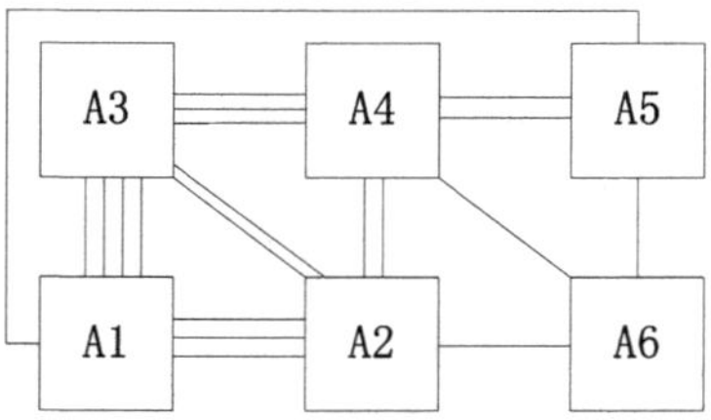

图 8-14　作业单位位置相关图

表 8-19 接近程度排序表

从	至						面积/m²
	A1	A2	A3	A4	A5	A6	
A1		2/I	4/A	0/U	1/O	0/U	300
A2	2/I		2/I	3/E	0/U	1/O	200
A3	4/A	2/I		3/E	0/U	0/U	100
A4	0/U	3/E	3/E		2/I	1/O	200
A5	1/O	0/U	0/U	2/I		1/O	100
A6	0/U	1/O	0/U	1/O	1/O		100
累计 TCR	7	8	9	9	4	3	
排序	④	③	①	②	⑤	⑥	

(7) 考虑面积因素对作业单位平面位置进行修正，得作业单位平面位置、面积相关图，如图 8-15 和图 8-16 所示。

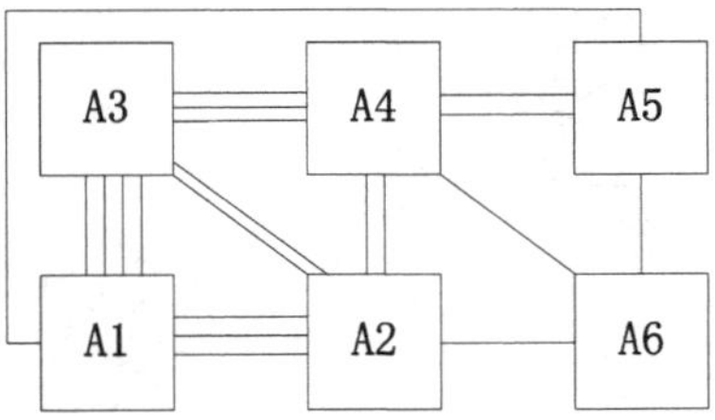

图 8-15 作业单位位置相关图

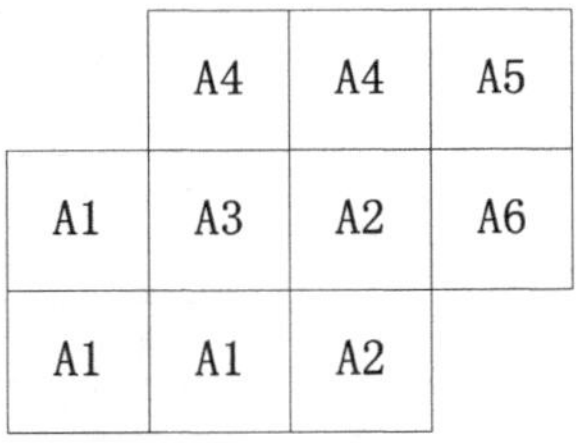

图 8-16 作业单位面积相关图

(三) 用作业单位关系图法布置平面图

(1) 作业单位相互关系图（Relationship Chart）。

在设施布置中，各设施间除了通过物流联系外，还有人际、工作事务、行政事务等活动，尤其是在行政、服务、视野等各种单位中，都存在人和工作的联系，这些联系都可以表示为各种单位之间的关系，也可以称为非物流关系。

通过单位之间活动的频繁程度来说明单位之间关系是密切或者疏远，这种密切程度的分析称为作业单位相互关系分析。

采用一种“密切程度”代码来反映不同单位之间的不同关系，如表 8-20 所示。

表 8-20 “密切程度”代码

密切程度代码	A	E	I	O	U	X
实际含义	绝对必要	特别重要	重要	一般	不重要	不要靠近
所占比例/%	2~5	3~10	5~15	10~25	45~80	不希望接近，视情况而定

用一种理由代码来说明达到此种密切程度的理由，如表 8-21 所示。

表 8-21 “密切程度”理由代码

理由代码	1	2	3	4	5	6	7	8
理由	用同一场地/站台	物流	服务	方便	库存控制	联系	零件流动	清洁

作业单位相互关系图的形式，如图 8-17 所示。

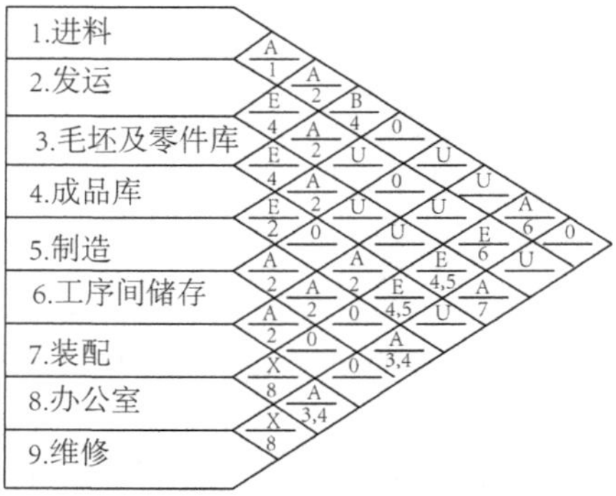

图 8-17 作业单位相互关系

其中，步骤通常分成两个阶段：

第一阶段：确定各作业单位的相对位置；

第二阶段：根据各作业单位的应有面积画出真实的带面积的平面布置图。

【案例 8-4】已知某工厂的各作业单位原始数据如表 8-22 所示，试用作业单位关系图法布置平面图，如表 8-22 和表 8-23 所示。

表 8-22 各作业单位及面积

作业单位代码	作业单位名称	面积/m^2
T	原材料零配件表	120
U	铣削工段	80

续表

作业单位代码	作业单位名称	面积/m^2
V	冲压工段	60
W	车削工段	120
X	装配工段	80
Y	涂装工段	120
Z	发送库	120

表 8-23 作业单位关系

	T	U	V	W	X	Y	Z
T		E	O	I	O	U	U
U			U	E	I	I	U
V				U	U	O	U
W					I	U	U
X						A	I
Y							A
Z							

第一阶段：首先取纸板用刀划出尺寸相同的方块作为样板，每一块样板代表一个作业单位，样板中央写上作业单位名称、代码，在样板的四角根据作业单位关系表写上各种关系代码，如图 8-18 和图 8-19 所示。

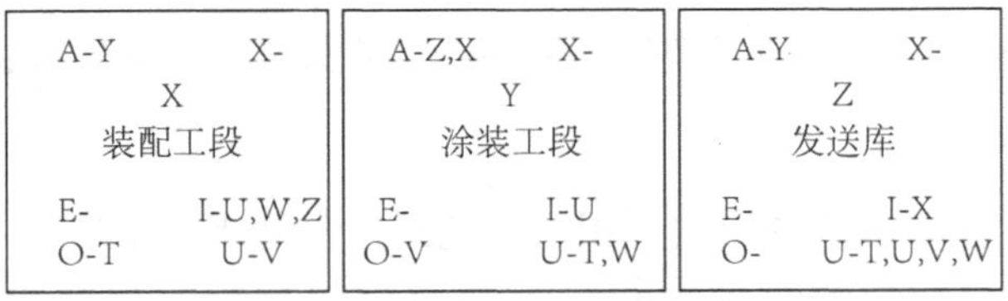

图 8-18 样板图

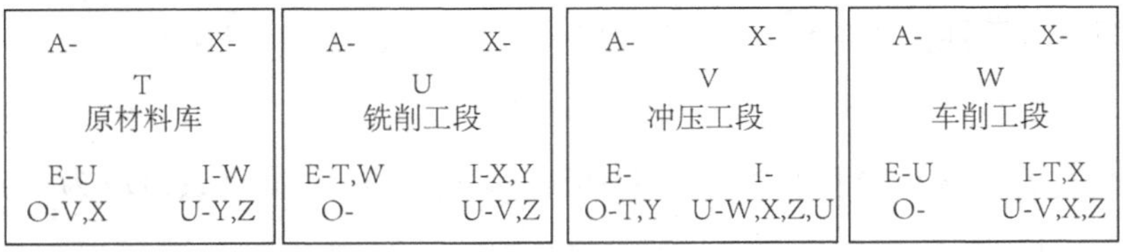

图 8-19 样板图

其次，选出“A”关系数量最多的作业单位。如果遇到多块相同数量的“A”关系则再找下一级“E”关系进行比较，或进一步再找“I”关系比较，依此类推。最终确定各方块样板的相对位置。

第二阶段：在得到各作业单位相对位置平面布置图以后，将各作业单位面积用实际面积代替，得到真实平面布置图。

根据给出的各作业单位的面积，给出20平方米单位面积样板块（求所有面积的最小公约数），得到各作业单位的单位面积样板块数量）。按平面布置图，将各作业单位的实际样板块数置入，得到实际平面布置图方案，如图8-20和图8-21所示。

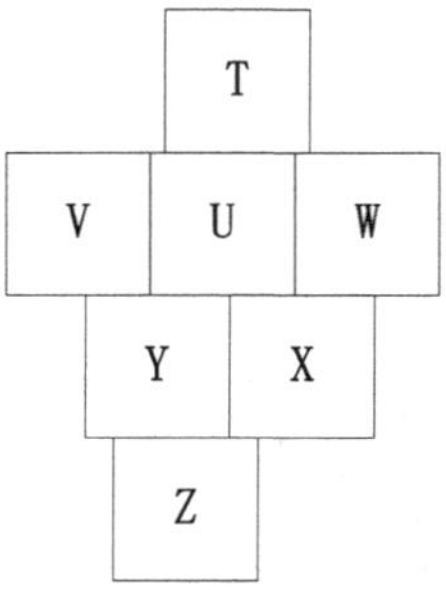

图8-20

T	T	T	T	T
V	U	U	U	T
V	V	U	W	W
Y	Y	X	W	W
Y	Y	X	W	W
Z	Y	Y	X	X
Z	Z	Z	Z	Z

图8-21

（四）利用物流量与作业单位关系（综合相互关系）共同设计出平面布置图

在制造业或物流企业中，各作业单位间不仅有物流关系，也有非物流关系；即使在服务业中，也存在一定的物流。在系统化设施布置中，将作业单位间的物流关系和非物流关系进行综合，综合后的相互关系称为综合相互关系。

综合相互关系法的思想与基本逻辑步骤：

（1）通过物流分析，在物流合理化的基础上求得各作业单位间的物流量及其相互关系。

（2）确定各作业单位间非物流关系相互影响因素及等级，给出作业单位相互关系表。

（3）确定物流和非物流相互关系的相对重要性。

通常这一相对重要性比值 $m:n$ 不应超过1∶3~3∶1。现实情况下按照物流和非物流相互关系的相对重要性，将比值 $m:n$ 取为3∶1，2∶1，1∶1，1∶2，1∶3，此比值称为加权值。

（4）量化物流强度等级和非物流的密切程度等级。通常量化数值取为：$A=4$，$E=3$，$I=2$，$O=1$，$U=0$，$X=-1$。

（5）计算量化后的作业单位相互关系。

设任意两个作业单位分别为 A_i 和 A_j，其物流强度相互关系等级为 MR_{ij}，非物流相互关系密切程度等级为 NR_{ij}，则作业单位 A_i 和 A_j 之间的综合相互关系密切程度 CR_{ij} 为：$CR_{ij}=mMR_{ij}+nNR_{ij}$

（6）综合相互关系等级划分。

CR_{ij} 是一个量化指标，必须划分成一定的等级才能建立起符号化的作业单位综合相互关系，如表 8-24 所示。

表 8-24　综合相互关系的等级及划分比例

关系密切程度等级	符号	作业单位配对比例%
绝对必要靠近	A	1~3
特别重要靠近	E	2~5
重要	I	3~8
一般	O	5~15
不重要	U	20~85
不希望靠近	X	0~10

注意：将物流和非物流关系进行综合时，注意 X 级关系的处理，任何一级物流强度与 X 级非物流关系密切级综合时，不应超过 O 级。

（7）根据经验和实际约束情况，调整综合相互关系表。

（8）绘制作业单位位置相关图。

参考文献

[1] 蔡源，陈锦华. 智能物流系统设计与应用发展研究[M]. 长春：吉林大学出版社，2018.
[2] 程肖冰，夏明萍，王育平. 物流系统规划及预测系统研究[M]. 北京：中国财富出版社，2015.
[3] 杜志平. 物流系统工程[M]. 北京：中国财富出版社，2014.
[4] 方仲民，张文全，郑秀梅. 物流系统规划与设计[M]. 北京：北京师范大学出版社，2012.
[5] 姜方桃，朱丹. 物流系统分析[M]. 北京：中国财富出版社，2014.
[6] 蒋淑华，桑小娟，柳莹. 物流系统仿真理论与实践[M]. 南京：东南大学出版社，2015.
[7] 蒋长兵. 物流系统与物流工程[M]. 北京：中国物资出版社，2007.
[8] 李超锋，缪兴锋，刘钧炎，等. 物流系统规划与设计[M]. 武汉：华中科技大学出版社，2012.
[9] 李国刚，李春发，李广. 物流系统工程[M]. 沈阳：东北财经大学出版社，2009.
[10] 李浩，刘桂云. 物流系统规划与设计[M]. 杭州：浙江大学出版社，2015.
[11] 李俊韬，陈志新，朱杰. 智能物流系统实训[M]. 北京：中国财富出版社，2015.
[12] 李卫红，任平国. 物流系统规划与设计[M]. 西安：西北工业大学出版社，2012.
[13] 李云清. 物流系统规划[M]. 上海：同济大学出版社，2004.
[14] 李振. 物流系统规划与设计[M]. 武汉：武汉理工大学出版社，2008.
[15] 李振福. 物流系统工程[M]. 大连：大连海事大学出版社，2016.

[16] 刘联辉，罗俊. 物流系统规划及其分析设计[M]. 北京：中国财富出版社，2017.
[17] 彭扬，吴承健. 物流系统建模与仿真[M]. 杭州：浙江大学出版社，2015.
[18] 施国洪. 物流系统规划与设计[M]. 重庆：重庆大学出版社，2009.
[19] 孙前进. 物流系统设计[M]. 北京：中央广播电视大学出版社，2009.
[20] 汪传雷. 物流系统工程[M]. 北京：中国财富出版社，2017.
[21] 王鑫，迟永满，魏先民，等. 物流系统规划与设计[M]. 北京：对外经济贸易大学出版社，2011.
[22] 王勇，刘永. 运输与物流系统规划[M]. 成都：西南交通大学出版社，2018.
[23] 王宇宏. 物流系统规划与设计[M]. 北京：中央广播电视大学出版社，2014.
[24] 王长琼. 物流系统工程[M]. 北京：中国物资出版社，2009.
[25] 王长琼. 物流系统工程. [M]. 2 版. 北京：中国财富出版社，2014.
[26] 王正. 物流系统规划与设计[M]. 成都：四川人民出版社，2009.
[27] 魏波，陈进军. 物流系统规划与设计[M]. 西安：西安交通大学出版社，2018.
[28] 张曙红，初叶萍，毕娅. 物流系统规划设计与仿真[M]. 北京：中国财富出版社，2013.
[29] 周家红. 物流系统风险评价研究[M]. 北京：中国商业出版社，2013.
[30] 朱耀勤，王斌国，姜文琼. 物流系统规划与设计[M]. 北京：北京理工大学出版社，2017.